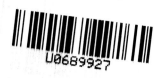

四部要籍選刊

蔣鵬翔 主編

阮刻禮記注疏

十

（清）阮元 校刻

浙江大學出版社

本册目録（十）

附釋音禮記注疏卷第三十七

禮記　鄭氏注　孔穎達疏

樂記第十九

○陸曰鄭云名樂記者以其記樂之義○【疏】正義曰按鄭目錄云名曰樂記者以其記樂之義此於別錄屬樂記葢十一篇合爲一篇謂有樂本有樂論有樂施有樂言有樂禮有樂情有樂化有樂象有賓牟賈有師乙有魏文侯今雖合此畧有分焉案藝文志云黃帝以下至三代各有當代之樂名孔子曰移風易俗莫善於樂也周衰禮壞其樂尤微以音律爲節又爲鄭衞所亂故無遺法矣漢興制氏以雅樂聲律世爲樂官頗能記其鏗鎗鼓舞而已不能言其義理武帝時河間獻王好博古與諸生等共采周官及諸子云樂事者以作樂記事也其內史丞王度傳之以授常山王禹成帝時爲謁者數言其義獻二十四卷樂記劉向校書得樂記二十三篇與禹不同其道浸以益微故劉向所校二十三篇著於別錄今樂記所斷取十一篇餘有十二篇其名猶在三十四卷記無所錄也其十二篇之名案別錄十一篇餘次奏樂第十二樂器第十三樂作第十四意始第十五樂穆第十六說律第十七季札第十八

樂道第十九樂義第二十昭本第二十一招頌第二十二竇
公第二十三是也案別録禮記四十九篇樂記第十九則樂
記十一篇入禮記也在劉向前矣至劉向爲別録時更載所
入樂記十一篇又載餘十二篇摠爲二十三篇也其二十三
篇之目今
摠存焉

凡音之起由人心生也人心之動物使之然
也感於物而動故形於聲宮商角徵羽雜比曰音
單出曰聲形猶見也○音
徵張里反後放此比毗
志反下文同見賢遍反聲相應故生變樂之器彈其宮
則衆宮應然不
足樂是以變之使雜也易曰同聲相應同氣相求春秋傳曰
若以水濟水誰能食之若琴瑟之專一誰能聽之○應應對
之應篇內同彈徒丹
反樂音嶽又音洛○變成方謂之音方猶文
章也○比音而
樂之及干戚羽旄謂之樂干盾也戚斧也武舞所
執也羽翟羽也旄旄牛
尾也文舞所執周禮舞師樂師掌教舞有兵舞有干舞有羽
舞有旄舞詩曰左手執籥右手秉翟○旄音毛盾本又作楯

述允反又音允翟音狄籥羊灼反○〔疏〕凡音至之樂○正義曰此一節論樂本之事章句既多各隨文解之名爲樂本者樂以音聲爲本音聲由人心而生此章備論音聲起於人心故名樂本此樂本之中論人心感於物而有聲聲相應而生變變成方而爲之音比音而爲樂展轉相因之埶○凡音之起由人心生也者言凡樂之音曲所起本由人心而生也○人心之動物使之然也者言音之所以起於人心者由人心動則音起人心所以動者外物使之然也○感於物而動故形於聲者人心既感外物而動口以宣心其心形見於聲心若感死喪之物而興動於口則形見於悲戚之聲心若感福慶而興動於口則形見於歡樂之聲也聲相應故生變者既有哀樂之聲自然一高一下或清或濁而相應不同故云生變變謂不恒一聲變動清濁也○變成方謂之音方謂文章聲既變轉和合次序成就文章謂之音音則今之歌曲也○比音而樂之及干戚羽旄謂之樂者言以樂器次比音之歌曲而樂器播之幷及干戚羽旄鼓而舞之乃謂之樂也是樂之所起由人心而生也○注宮商至曰聲○正義曰言聲者是宮商角徵羽也極濁者爲宮極清者爲羽五聲以清濁相次云雜比曰音者謂宮商角徵羽清濁相雜和比謂之音云單出曰聲者五聲之內唯單有一聲無餘聲相

雜是單出曰聲也然則初發口單者謂之聲衆聲和合成章
謂之音金石干戚羽旄謂之樂則聲爲初音爲樂爲末也所以
唯舉音者舉中見上下矣○注樂之至聽之○正義曰彈其宮
則衆宮應然不足樂者明直唯一聲不足可爲樂故須變之
使雜也引易曰同聲相應同氣相求者易文言文證同聲相
應之義也同聲雖相應不得爲樂必有異聲相應乃得爲樂
耳引春秋傳以下者證同聲不得爲樂也案春秋昭二十年
左傳齊景公曰唯據與我和夫晏子對曰據亦同也焉得爲
和同者若以水濟水誰能食之琴瑟之專一誰能聽之言琴
瑟專一唯有一聲不得成樂故也○注方猶文章也○正義
曰凡畫者青黃相雜分布得成文章言音淸濁上下分布次
序得成音曲也似畫者文章故云方猶文章也○注干盾至
秉翟○正義曰干盾也戚斧也武舞所執也者武舞之樂執
此盾與斧也云羽翟羽也旄旄牛尾也文舞所執者言文舞
執此羽旄也引舞師樂師者證有干戚羽旄舞等案樂師有
帗舞有羽舞有皇舞有旄舞有干舞有人舞也無兵舞但有
干舞鄭司農彼注云干舞者兵舞又舞師云掌教兵舞帥而
舞山川之祭祀无干舞但有兵舞鄭司農彼注干舞兵舞也
此引樂師既謂干舞引謂兵舞者兵舞非樂師之文但經云
干戚用戚則是大武大武兵舞此引樂師並以兵舞解經之

干戚也但此經干戚羽旄包含文武之大武鄭引樂師小舞明羽舞也引詩者證羽舞是翟舞也此詩邶風刺衞君不用賢衞之賢者仕於伶官但左手執籥右手秉翟而已樂者音之所由生也其本在人心之感於物也是故其哀心感者其聲噍以殺其樂心感者其聲嘽以緩其喜心感者其聲發以散其怒心感者其聲粗以厲其敬心感者其聲直以廉其愛心感者其聲和以柔六者非性也感於物而后動言人聲在所見非有常也噍踧也嘽寬綽貌發猶揚也粗麤也○噍子遙反徐在堯反沈子堯反踧也謂急也殺色界反徐所列反其樂音洛嘽昌善反寬緩也散思旦反粗采都反又才古反踧子六反綽處約反是故先王慎所以感之者故禮以道其志樂以和其聲政以

一其行刑以防其姦禮樂刑政其極一也極至也○道音導行下孟反所以同民心而出治道也此其所謂至也○治直吏反下同

疏樂者至道也○正義曰此一節覆明上文感物而動之意結樂聲生起所由也合音乃成樂是樂由此◦音而生故云音之所由生也○其本在人心之感於物也者欲將明樂隨人心見故更陳此句也本猶初也物外境也言樂初所起在於人心之感外境也○是故其哀心感者其聲噍以殺者心既由於外境而變故有此下六事之不同也噍蹴急也若外境痛苦則其心哀哀感在心故其聲必蹴急而速殺也○其樂心感者其聲嘽以緩者嘽寬也若外境所善心必歡樂歡樂在心故聲必隨而寬緩也○其喜心感者其聲發以散者若外境會合其心心必喜悅喜悅在心故聲必隨而發揚放散無輒礙◦但樂是長久之歡喜是一時之悅遇有善事而心喜也昭二十五年左傳云喜生於好是喜與樂別也其怒心感者其聲粗以厲者怒謂忿遇惡事而心恚怒恚怒在心則其聲粗以猛厲也○其敬心感者其聲直以廉者直謂不邪也廉廉隅也若外境見其尊高心中嚴敬嚴敬在心則其聲正直而有廉隅不邪曲也○其愛心感者其

聲和以柔者和調也柔軟也若外境親屬死亡心起愛情愛情在心則聲和柔也六者非性也感於物而后動者結外感物也人生而靜天之性也性本靜寂無此六事六事之生由應感外物而動故云非性也所以知非性者今設取一人以此六事觸之言此人必隨觸而動故知非本性也庾云隨其所感而應之是知非性也此聲皆據人心感於物而口爲聲知是人聲也故鄭注云言人聲在所見皇氏云樂聲失之矣○是故先王愼所以感之者既六事隨見而動非關其本性故先代聖人在上制於正禮正樂以防之不欲以外境惡事感之故云先王愼所以感之者也○故禮以道其志樂以和其聲政以一其行刑以防其姦者此四事是防愼所感之具矣政法律也既防愼其感故用其正禮教道其志用正樂諧和其聲用法律齊一其行用刑辟防其凶奸則民不復流僻也禮樂刑政其極一也者極至也用其四事齊之使同其一致不爲非也賀云雖有禮樂刑政之殊及其檢情歸正同至理極其道一也○所以同民心而出治道也者結四事之功也言民心所觸有前六事不同故聖人用後四者制之使俱得其所也

凡音者生人心者也情動於中故形於聲聲成文謂之音是故

治世之音安以樂其政和亂世之音怨以怒其政乖亡國之音哀以思其民困聲音之道與政通矣

言八音和否隨政也王藻曰御瞽幾聲之上下○治世之音絶句安以樂音洛絶句靁讀上至安絶句樂音岳以樂二字爲句其政和崔讀上句依靁下以樂其政和揔爲一句下亂世亡國各放此思息吏反又音筍否音不藻音早瞽音古幾居希反又音祈上下時掌反

疏凡音至通矣○正義曰上文云音從人心生乃成爲樂此一節明君上之樂隨人情而動若人情歡樂樂音亦歡樂若人情哀怨樂音亦哀怨○凡音者生人心者也者言君上樂音生於下民心者也○情動於中故形於聲者言在下人心情感君政教善惡動於心中則上文感於物而後動是也既感物動故形見於口口出其聲則上文云故形於聲者是也○聲成文謂之音者謂聲之清濁雜比成文謂之音則上文云變成方謂之音是也上云比音而樂之及干戚羽旄謂之樂此云音不云樂者以下云治世之音亂世之音故云音而不言樂也必言音者樂以音爲本變動由於音也所以特言音也○是故治世之音安以樂者是故謂情動於

中而有音聲之異故言治平之世其樂音安靜而歡樂也治世之音民既安靜以樂而感其心故樂音亦安以樂由其政和美故也君政和美使人心安樂人心安樂故樂聲亦安以樂也○亂世之音怨以怒其政乖者亂世謂禍亂之世樂音怨恨而恚怒亂世之時其民怨怒故樂聲亦怨怒流亡由其政乖僻故也○亡國之音哀以思其民困者亡國謂將欲滅亡之國樂音悲哀而愁思言亡國之時民心哀思故樂音亦哀思由其人困苦故也前治世亂世皆云世亡國不云世者以國將亡無復繼世也其治世亂世皆云政亡國不云政者言國將滅亡無復有政故云其民困也聲音之道與政通矣者若政和則聲音安樂若政乖則聲音怨怒是聲音之道與政通矣宮爲君商爲臣角爲民徵爲事羽爲物五者不亂則無怗懘之音矣五者君臣民事物也凡聲濁者尊清者卑怗懘敝敗不和貌○怗徐昌廉反懘昌制反又昌紙反敗也敝音弊宮亂則荒其君驕商亂則陂其官壞角亂則憂其民怨徵亂則哀其事勤羽亂則危其

財匱五者皆亂迭相陵謂之慢如此則國之滅亡無日矣君臣民事物其道亂亂則其音應而亂荒猶散也陂傾也書曰王耄荒易曰無平不陂○陂彼義反注同傾也匱其媿反乏也迭田節反散蘇旦反耄莫報反○

【疏】宮爲至日矣○正義曰此一節論五聲宮商角徵羽之殊所主之事上下不一得則樂聲和調失則國將滅亡也○宮爲君者宮則主君所以然者鄭注月令云宮屬土土居中央揔四方君之象也又土爰稼穡猶君能滋生萬民也又五音以絲多聲重者爲尊宮絃最大用八十一絲故宮爲君崔氏云五音之次以宮最濁自宮以下則稍清矣君臣民事物亦有尊卑故以次配之○商爲臣者商所以爲臣者何以鄭注月令云商屬金以其濁次宮臣之象也解者云宮八十一絲商七十二絲次宮如臣之得次君之貴重也崔氏云商是金金以決斷爲臣事君亦以義斷爲賢矣角爲民所以爲民者鄭注月令云角屬木以其清濁中民之象也解者云宮濁而羽清角六十四絲聲居宮羽之中半清半濁故云以其清濁中也民比君臣爲劣比事物爲優故云角清濁中民之象矣崔氏云角屬春春時物生衆皆有區別亦象萬民衆多而有區別也○徵爲事所以爲事者鄭注月

令云徵屬火以其徵清事之象也解者云羽最清徵次之故用五十四絲是徵清徵清所以爲事之象也夫事是造爲造爲由民故先事後乃有物也是事勝於物而劣於民故次民居物之前所以徵爲事之象也崔氏云徵屬夏夏時生長萬物皆成形體事亦有體故以徵配事也○羽爲物羽所以爲物者鄭注月令云羽屬水者以其最清物之象也解者云羽者最清用四十八絲而爲物劣於事故最處末所以羽爲物也崔氏云羽屬冬冬物聚則成財用冬則物皆藏聚與財相類也○五者不亂則無怗懘之音矣者怗敝也懘敗也敝敗謂不和之貌也若君臣民事物五者各得其所用不相壞亂則五聲之響無敝敗矣○宮亂則荒其君驕者前明音聲與政通若五事皆正則音不敝敗是聲與政通故此以下明聲與政通也若五音之敝敗則政亂各有所由也荒猶散也若宮音之亂則其聲放散是知由其君驕溢故也崔氏云宮聲所以散者由君驕也若君驕則萬物荒散也○商亂則陂其官壞者陂不平正也若商音之亂則其聲欹斜而不正也是知由其臣不治於官官壞故也崔氏云商聲所以傾邪者由臣官壞也官若壞則物皆傾邪也○角亂則憂其民怨者若角音之亂則其聲憂愁是知由政虐其民怨故也崔氏云角聲所以亂者由民不安業有憂愁之心也民無自怨皆君上

失政故下民生怨也徵亂則哀其事勤者若徵音之亂則其聲哀苦是知由繇役不休其民事勤勞故也崔氏云徵所以亂者由民勤於事悲哀之所生。○羽亂則危其財匱者匱乏也若羽音之亂則其聲傾危是知由君賦重其民貧乏故也崔氏云危者謂聲不安也羽音所以不安者由君亂於上物散於下故知財乏不能得安故有匱乏也。○五者皆亂迭相陵謂之慢者迭互也陵越也若五聲並和則君臣上下不失若五聲不和則君臣上下互相陵越所以爲慢也崔氏云前是偏據一亂以爲義未足以爲滅亡今此以五者皆亂故滅亡無日矣滅者絶也亡叛也無日言無復一日也若君臣互相陵慢如此則國必叛滅旦夕可俟無復一日也。○注書曰至不陂。○正義曰所引之書尚書呂刑之文也王耄荒者謂穆王享國百年耄荒也引之者證經之荒字今云易曰無平不陂者易泰卦九三爻辭引之者證經之陂字矣案樂緯動聲儀云宮爲君君者當寬大容衆故聲弘以舒其和情以柔動脾也商爲臣臣者當以發明君之號令其聲散以明其和溫以斷動肺也角爲民民者當約儉不奢僭差故其聲防以約其和清以靜動肝也徵爲事事者君子之功既當急就之其事當久流亡故其聲貶以疾其和平以功動心也羽爲物物者不有委聚故其聲散以虛其和斷以散動腎也動聲儀又

云若宮唱而商和是謂善太平之樂注云君臣相和又云角
從宮是謂哀哀國之樂注云象人自怨訴又云羽從宮往而
不反是謂悲亡國之樂也注云悲傷於財竭又云音相生者
和注云彈羽角應彈宮徵應是其和樂以此言之相生應即
爲和不以相生應則爲亂也。**鄭衛之音亂世之音也比於慢矣**比猶同也。比毗志反注同又如字**桑間濮上之音亡國之音也其政散其民流誣上行私而不可止也**濮水之上地有桑間者亡
國之音於此之水出也昔殷紂使師延作靡靡之樂已而自
沈於濮水後師涓過焉夜聞而寫之爲晉平公鼓之是之謂
也桑間在濮陽南誣罔也。濮音卜水名誣音無注同涓古玄反爲于僞反下爲作法度同。〔疏〕鄭衛至止也。
正義曰前經明五者皆亂驕慢滅亡此一節論亂世滅亡之
樂比猶同也鄭國之音好濫淫志衛國之樂促速煩志並是
亂世之音也雖亂而未滅亡故云比於慢即同前謂之慢也
。桑間濮上之音亡國之音也者於濮水之上桑林之間所
得之樂是亡國之音矣故云亡國之音其政散者謂君之政
教荒散也。其民流者流謂流亡君既荒散民自流亡也。

誣上行私而不可止也者君既失政在下則誣罔於上行其私意違背公道不可禁止也○注濮水至罔也○正義曰濮水之上地有桑間者言濮水與桑間一處也云昔殷紂使師延作靡靡之樂以下皆史記樂書之文也言衛靈公之時將之晉至於濮水之上舍夜半之時聞鼓琴之聲問左右皆對曰不聞乃召師涓聽而寫之明日即去乃至晉國見平公平公享之靈公曰今者來聞新聲請奏之平公曰可即命師涓坐師曠之旁援琴鼓之未終而師曠撫而止之曰此亡國之聲也不可遂平公曰何師曠曰昔師延所作也與紂爲靡靡之樂武王伐紂師延東走自投濮水之中故聞此聲必於濮水之上而聞之是其事案異義云今論說鄭國之爲俗有溱洧之水男女聚會謳歌相感故云鄭聲淫左傳說煩手淫聲謂之鄭聲者言煩手躑躅之聲使淫過矣許君謹案鄭詩二十一篇說婦人者十九矣故鄭聲淫也今案鄭詩說婦人者唯九篇異義云十九者誤也無十字矣

凡音者生於人心者也樂者通倫理者也倫猶類也理分也○分扶問反是故知聲而不知音者禽獸是也知音而不知樂者衆庶是也

唯君子爲能知樂禽獸知此爲聲耳不知其宫商之變也八音並作克諧曰樂○諧戶皆反是故審聲以知音審音以知樂審樂以知政而治道備矣是故不知聲者不可與言音不知音者不可與言樂知樂則幾於禮矣禮樂皆得謂之有德德者得也幾近也聽樂而知政之得失則能正君臣民事物之禮也○治直吏反下民治行同幾音譏一音巨依反注同是故樂之隆非極音也食饗之禮非致味也隆猶盛也極窮也○食音嗣下食饗同清廟之瑟朱弦而疏越壹倡而三歎有遺音者矣大饗之禮尚玄酒而俎腥魚大羹不和有遺味者矣清廟謂作樂歌清廟也朱弦練朱弦練則聲濁越瑟底孔也畫疏之使聲遲也倡發歌句

也三歎三人從歎之耳大饗祫祭先王以腥魚爲俎實不臑熟之大羹肉湆不調以鹽菜遺猶餘也○疏音踈下同倡昌諒反注同腥音星和胡卧反底都禮反畫音獲祫音洽臑音而湆去及反

是故先王之制禮樂也非以極口腹耳目之欲也將以教民平好惡而反人道之正也

教之使知好惡也○好惡上呼報反下烏路反又並如字後好惡二字相連者皆放此

疏 凡音至正也○正義曰此一節明音樂之異音易識而樂難知知樂則近於禮又明禮樂隆極之旨先王所以禮樂教人之意○凡音者生於人心者也言音從聲生聲從心生故云生於人心者也○樂者通於倫理者也倫類也理分也比音爲樂有金石絲竹干戚羽旄樂得則陰陽和樂失則羣物亂是樂能經通倫理也陰陽萬物各有倫類分理者也○是故知聲而不知音者禽獸是也者言禽獸知其聲不知五音之和變是聲易識而音難知矣○知音而不知樂者衆庶是也者言衆庶知歌曲之音而不知樂之大理是音猶易而樂極難也○唯君子爲能知樂者君子謂大德聖人能知極樂之理故云爲能知樂○是故審聲以知音審音以知樂審樂以知政而治道備矣者

音由聲生先審識其聲然後可以知音樂由音生先審識其
音然後知樂政由樂生先審識其樂可以知政所以審樂知
政者樂由音聲相生聲感善惡而起若能審樂則知善惡之
理行善不行惡習是不習非知爲政化民○而治道備矣者
政善樂和音聲皆善人事無邪僻則治道備具矣知樂則幾
於禮矣者幾近也知樂則知政之得失知政之得失則能正
君臣民事物故云近於禮矣但禮包萬事萬事備具始是禮
極今知樂但知正君臣民事物而已於禮未極故云近於禮
矣○禮樂皆得謂之有德德者得也者言王者能使禮樂皆
得其所謂之有德之君所以名爲德者得禮樂之稱也○是
故樂之隆非極音也者隆謂隆盛○樂之隆盛本在移風易俗
非崇重於鍾鼓之音故云非極音也案論語云樂云樂云鍾
鼓云乎哉是也食饗之禮非致味也者食饗謂宗廟祫祭此
禮之隆重在於孝敬也非在於致其美味而已禮云食饗之
禮則樂應云祭祀之樂互可知也清廟之瑟朱弦而疏越壹
倡而三歎者覆上樂之隆非極音也清廟之瑟謂歌清廟之
詩所彈之瑟朱弦謂練朱絲爲弦練則聲濁也越謂瑟底孔
也疏通之使聲遲故云疏越弦聲既濁瑟音又遲是質素之
聲非要妙之響以其質素初發首一倡之時而唯有三人歎
之是人不愛樂雖然有遺餘之音言以其貴在於德所以有

遺餘之音念之不忘也。大饗之禮尚玄酒而俎腥魚大羹
不和有遺味者矣者此覆上饗之禮非致味也大饗謂祫祭
尚玄酒在五齊之上而俎腥魚腥生也俎雖有三牲而兼載
腥魚也大羹謂肉湆也不和謂不以鹽菜和之此皆質素之
食而大饗設之人所不欲也雖然有遺餘之味矣以其有德
質素其味可重人愛之不忘故云有遺味者矣。是故先王
之制禮樂也非以極口腹耳目之欲也者以玄酒腥魚大羹
是非極口腹也以朱絃疏越是非極耳目也。將以教民平
好惡而反人道之正也者言先王制禮樂不爲口腹耳目而
將以教民均平好惡使好者行之惡者避之而反歸人道之
正也。注能正至之禮。正義曰以宮爲君商爲臣角爲民
徵爲事羽爲物既能知樂則能正此五事五事之外則餘禮
未能弘通故經云近於禮未盡禮之用也。注朱弦至餘也
。正義曰朱弦練朱弦者案虞書傳云古者帝王升歌淸廟
之樂大瑟練弦此云朱弦者明練之可知也云練則聲濁者
不練則體勁而聲淸練則絲熟而弦濁云越瑟底孔也者案
鄉飲酒禮二人皆左何瑟後有埒越是越瑟底孔也故燕禮
注云越瑟下孔也云畫疏之使聲遲也者熊氏云瑟兩頭有
孔畫疏之疏通也使兩頭孔相達而通孔小則聲急孔大則
聲遲故云使聲遲也云三歎三人從歎之耳者三歎謂擊瑟

賛歎美者但有三人歎之耳言歎者少也云大饗祫祭先王者案郊特牲。郊血大饗腥此云腥魚故爲宗廟祫祭也云以腥魚爲俎實者謂薦血腥之時以俎薦腥魚熊氏云其牛羊之俎至薦孰之時皆亨之而孰薦腥魚則未亨故云而俎腥魚也云大羹肉湆者特牲云大羹湆此云不和故知不調以鹽菜鉶羹則和之云遺猶餘者也。樂聲雖質人貴之不忘矣食味雖惡人念之不息矣是有遺音遺味矣熊氏云聲有五聲但有三人歎之餘兩聲未歎是有遺音非其辭也。

人生而靜天之性也感於物而動性之欲也言性不見物則無欲物至知知然後好惡形焉至來也知知每物來則又有知也言見物多則欲益衆形猶見也。見賢遍反好惡無節於內知誘於外不能反躬天理滅矣節法度也知猶欲也誘猶道也引也躬猶已也理猶性也。誘音酉道音導。夫物之感人無窮而人之好惡無節則是物至而人化物也。人化物也者滅天理而窮人欲者也窮人欲言無所不爲於是有悖逆詐僞之心有淫泆作亂之事是故强者脅弱衆者暴寡知者詐愚勇者苦怯疾病不養老幼孤獨不得其所此大亂之道也〔疏〕人生至道也○正義曰此一節論人感物而動物有好惡所感不同若其感惡則天理滅爲大亂之道故下文明先王所以制禮樂而齊之○人生而靜天之性也○正義曰言人初生未有情欲是其靜稟於自然是天性也○感於物而動性之欲也者其心本雖靜感於外物而心遂動是性之所貪欲也自然謂之性貪欲謂之情是情別矣○物至知知然後好惡形焉者至猶來也言外物既來知謂每一物來則心知之爲每一物皆知是物至知知也物至既衆會意者則愛好之不會意者則嫌惡之是好惡形焉○好惡無節於內知誘於外者所好惡恣已之情是無節於內知謂欲也所欲之事道誘於外外見所欲心則從之是知誘於外也○不能反躬天理滅矣者躬已也恣已情欲不能自反禁止理性也是天之所生本性滅絕矣○夫物之感人無窮者物既

衆多來感於人無有窮已也○而人之好惡而無節者見物之來所好所惡無有法節也則是物至而人化物也者則是外物來至而人化之於物物善則人善物惡則人惡是人化物也○人化物也者滅天理而窮人欲者也者人既化物逐而遷之恣其情欲故滅其天生淸靜之性而窮極人所貪嗜慾也○知者詐愚謂欺詐愚人也勇者苦怯謂困苦怯者○疾病不養謂人所嫌惡不收養也○老幼孤獨不得其所是者此並是人之嫌惡無所哀矜故老幼孤獨不得其所也

故先王之制禮樂人爲之節言爲作法度以遏其欲○悖布內反下同佚音逸強其良反脅許劫反知音智怯起劫反遏於葛反本亦作節衰麻哭泣所以節喪紀也鍾鼓干戚所以和安樂也昏姻冠笄所以別男女也射鄉食饗所以正交接也男二十而冠女許嫁而笄成人之禮射鄉大射鄉飲酒也○衰七雷反樂音洛冠古亂反注同笄音雞別彼列反下文注皆同禮節民心樂和民聲政以行之刑以防之禮樂

刑政四達而不悖則王道備矣〔疏〕○是故至備矣　正義曰此一節以下至樂云廣明禮樂相須之事○是故先王之制禮樂人爲之節者庾云人爲猶爲人也言爲人作法節也○射鄉食饗所以正交接也者射大射也鄉鄉飲酒也食饗饗食賓客也凡此皆是正交接之節不使相陵越也○禮節民心者前經云禮樂人爲之節故此經明其所節之事禮有尊卑上下故裁節民心謂無不敬也○樂和民聲者樂有宮商角徵羽及律呂所以調和民聲也○政以行之者政謂禁令用禁令以行禮樂也○刑以防之者若不行禮樂則以刑罰防止也○禮樂刑政四達而不悖則王道備矣者若此四事通達流行而不悖逆則王道備具矣

樂者爲同禮者爲異同則相親異則相敬同謂協好惡也異謂別貴賤也樂勝則流禮勝則離流謂合行不敬也離謂析居不和也○勝治證反析思歷反○合情飾貌者禮樂之事也欲其並行斌斌然○飭音勑本亦作飾音式斌彼貧反本又作彬○禮義立則貴賤等矣樂文

同則上下和矣好惡著則賢不肖別矣刑禁暴爵舉賢則政均矣仁以愛之義以正之如此則民治行矣等階級也○著張慮反肖音笑

【疏】樂者至行矣○正義曰皇氏云從王道備矣以上爲樂本從此以下爲樂論今依用焉此十一篇之說事不分明鄭目録十一篇畧有分别仔細不可委知熊氏云十篇鄭可具詳依别録十一篇所有賓牟賈有師乙有魏文侯今此樂記有魏文侯侯乃次賓牟賈師乙爲末則是今之樂記十一篇之次與别録不同推此而言其樂本以下亦雜亂故鄭畧有分别案熊氏此説不與皇氏同○樂者爲同者此言樂論之事謂上下同聽莫不和説也○禮者爲異者謂尊卑各别恭敬不等也此章凡有四段自此至民治行矣爲第一段論樂與禮同異將欲廣論先論其異同也自樂由中出至天子如此則禮行矣爲第二段論樂與禮之功論同異既辨故次宜有功也自大樂與天地同和至述作之謂也爲第三段論樂與禮唯聖人能識既有其功故宜究識也自樂者天地之和至則此所與民同也爲第四段論樂與禮使上下和合是爲同也禮使父子殊别是爲異○同則相親無

所間別故相親也異則相敬有所殊別故相敬也○樂勝則流禮勝則離者此明雖有同異而又有相須也勝猶過也若樂過和同而無禮則流慢無復尊卑之敬若禮過殊隔而無和樂則親屬離析無復骨肉之愛唯須禮樂兼有所以爲美故論語云禮之用和爲貴是也○合情飾貌者禮樂之事也者合情謂樂也樂和其内是合情也飾貌謂禮也禮以檢跡於外是飾貌也貌與心半二者無偏則是禮樂之事也○禮義立則貴賤等矣者義宜也等階級也若行禮得其宜則貴賤各有階級矣樂文同則上下和矣者文謂聲成文也若行樂文采諧同則上下各自和好也○好惡著則賢不肖別矣者謂所好得其善所惡得其惡是好惡著則賢與不肖自然分別矣○刑禁暴者謂用刑罰禁止暴慢也○爵舉賢者謂用爵以舉賢良也○則政均矣者刑爵得所政教均平矣刑者則慎罰爵者則明德○仁以愛之者謂王者用仁以愛民也○義以正之者謂王者用義以正惡矣○如此則民治行矣者言用仁用義則民行治也此經凡有五事各以矣結之從禮義立則貴賤等矣是其一也樂文同則上下和矣是其二也好惡著則賢不肖別矣是其三也刑禁暴爵舉賢則政均矣是其四也仁以愛之義以正之如此則民治行矣是其五也

樂由中出和在心也禮自

外作敬在貌也樂由中出故靜禮自外作故文文猶動也大樂必易大禮必簡易簡若於清廟大饗然。易以豉反注同樂至則無怨禮至則不爭揖讓而治天下者禮樂之謂也至猶達也行也。爭爭鬭之爭暴民不作諸侯賓服兵革不試五刑不用百姓無患天子不怒如此則樂達矣合父子之親明長幼之序以敬四海之內天子如此則禮行矣。賓協也試用也。長丁丈反。【疏】樂由至行矣。正義曰此一節明禮樂自內自外或易或簡天子行之得所則樂達禮行。樂由中出者謂樂從心起也。禮自外作者謂禮敬在外貌也樂由中出故靜者行之在心故靜也。禮自外作故文者禮肅人貌貌在外故云動也庾云樂成在中是和合反自然之靜禮節在貌之前動合文理文猶動也。大樂必易者朱弦而疏越是也。大禮必簡者玄酒醴魚是也。樂至則無怨者至謂達也行也樂行於人由於和故無怨矣。禮至則不爭者禮行於民由於謙敬謙敬則不爭也。揖讓而治天下者禮樂之謂也者民無怨爭則君上無爲但揖讓垂拱而天下自治其功由於禮樂故云禮樂之謂也暴民不作此下至樂達矣偏舉樂之功前云樂達則無怨故致此以下之功也暴民謂凶暴之民不作謂不動作也。如此則樂達矣者由樂和故至天子不怒以致前事是樂道達矣天子如此則禮行矣者天子若能使海內如此則是禮道與行矣樂云達禮云行者互文也禮云天子如此樂不云天子者樂既云天子不怒故略其文不復云天子也

○大樂與天地同和大禮與天地同節言順天地之氣與其數。和故百物不失不失其性節故祀天祭地成物有功報焉明則有禮樂教人者幽則有鬼神助天地成物者也易曰是故知鬼神之情狀與天地相似五帝德說黃帝德曰死而民畏其神者百年春秋傳曰若敖氏之鬼然則聖人之精氣謂之神賢知之精氣謂之鬼。敖五羔反賢知音智。如此則四海之內合敬同愛

矣禮者殊事合敬者也樂者異文合愛者也。禮樂之情同故明王以相沿也沿猶因述也孔子曰殷因於夏禮所損益可知也周因於殷禮所損益可知也沿或作緣。沿悅專反因也述也。故事與時並舉事在其時也禮器曰堯授舜舜授禹湯放桀武王伐紂時也名與功偕爲名在其功也偕猶俱也堯作大章舜作大韶禹作大夏湯作大濩武王作大武名因其得天下之大功。偕古諧反俱也濩戶故反下同〔疏〕大樂至功偕。正義曰此一節明禮樂與天地合德明王用之相因不改功名顯著。大樂與天地同和者天地氣和而生萬物大樂之體順陰陽律呂生養萬物是大樂與天地同和也。大禮與天地同節者天地之形各有高下大小爲限節大禮辨尊卑貴賤與天地相似是大禮與天地同節也。和故百物不失者以大樂與天地同和能生成百物故不失其性也。節故祀天祭地者以大禮與天地同節有尊卑上下報生成之功故祀天祭地。明則有禮樂者聖王既能使禮樂與天地同和節又於顯明之處尊崇禮樂以教人。幽則有鬼神者幽冥之處尊敬鬼神以成物也。如此則四海之内

合敬同愛矣者聖人若能如此上事行禮樂得所以治天下
故四海之內合。其敬愛以行禮得所故四海會合其敬行樂
得所故四海之內齊同其愛矣。禮者殊事合敬者也者尊
卑有別是殊事俱行於禮是合敬也。樂者異文合愛者也
者宮商別調是異文無不歡愛是合愛也。禮樂之情同故
明王以相沿也者禮樂之狀質文雖異樂情主和禮情主敬
致治是同以其致治情同故明王所以相因述也言前代後
代同禮樂之情因時質文或有損益故云以相沿也沿謂因
而增改也。故事與時並者事謂聖人所爲之事與所當時
而並行若堯舜揖讓之事與淳和之時而並行湯武干戈之
事與澆薄之時而並行此一句明禮也。名與功偕者名謂
樂名偕俱也言聖王制樂之名與所建之功而俱作也若堯
之大章舜之大部堯章明之功舜紹堯之德及禹湯等樂名
皆與功俱立也此一句明樂聖王雖同禮樂之情因而脩述
但時與功不等故禮與樂亦殊。注言順至其數。正義曰
天地與陰陽生養爲氣樂有六律六呂調和生養是順天地
之氣解經同和也云與其數謂天有日月星辰地有山川高
下其數不同故云與其數解經同節也。注成物有功報焉
。正義曰言天地春夏生物秋冬成物獨云成物者對則生
成有異揔而言之生亦成也故云成物有功下注云助天地

成物是也○注易曰至之鬼○正義曰引易曰是故知鬼神之情狀與天地相似者易上繫辭云精氣爲物游魂爲變是故知鬼神之情狀與天地相似○注云精氣謂七八游魂謂九六遊魂謂之鬼物終所歸精氣謂之神物生所信也言木火之神生物東南金水之鬼終物西北二者之情其狀與春夏生物秋冬終物相似云五帝德說黃帝德曰死而民畏其神者百年案大戴禮五帝德篇云宰我問孔子曰黃帝三百年請問黃帝人也抑非人也何以至三百年乎孔子曰生而民民利其德百年死而民畏其神百年亡而民用其教百年云春秋傳曰若敖氏之鬼引春秋宣四年左傳楚司馬子良生子越椒初生令尹子文請殺之其父子良不可子文以爲大慼曰鬼猶求食若敖氏之鬼不其餒而云聖人之精氣謂之神者則黃帝是也言聖人氣強能引生萬物故謂之神云賢知之精氣謂之鬼者則若敖氏是也氣劣於聖但歸終而已故謂之鬼熊氏云繫辭鬼神者謂七八九六自然之鬼神又聖人賢人鬼神與自然鬼神俱能助天地而成物故鄭捴引之也又鄭注祭法七祀謂鬼神司察小過引此幽則有鬼神然則有天地自然之鬼神有聖人賢人之鬼神有七祀之鬼神崔氏云明人君及臣生則有禮樂化民死則爲鬼神以成物此唯據聖人賢人之鬼神也與鄭引易繫辭不合其義

非也○注訟猶至知也○正義曰五帝三王同用禮樂是因也就而損益是述也故引論語損益之事以解之損益者則下文事與時並名與功偕是也○故鐘鼓管磬羽籥干戚樂之器也屈伸俯仰綴兆舒疾樂之文也簠簋俎豆制度文章禮之器也升降上下周還裼襲禮之文也綴謂酇舞者之位也兆其外營域也○伸音申綴丁劣反徐丁衛反下綴遠綴短皆同簠音甫下居洧反並祭器名上下時掌反還音旋裼思歷反襲音習酇作管反後同○故知禮樂之情者能作識禮樂之文者能述述謂訓其義也作者之謂聖述者之謂明明聖者述作之謂也〔疏〕故鐘至謂也○正義曰此一節申明禮樂器之與文并述作之體綴兆疾徐者綴謂舞者行位相連綴也兆謂位外之營兆也○周還裼襲者周謂行禮周曲迴旋也裼謂袒上衣而露裼也襲謂掩上衣也禮盛者尙質故襲不盛者尙文故裼○故知禮樂之

情者能作者下文云窮本知變樂之情若能窮極其本識其變通是知樂之情也下文云著誠去僞禮之經也若能顯著誠信棄去浮僞是知禮之情也凡制作者量事制宜既能窮本知變又能著誠去僞所以能制作者識禮樂之文者能述者文謂上經云屈伸俯仰升降上下是也述謂訓說義理既知文章升降辨定是非故能訓說禮樂義理不能制作禮樂也○作者之謂聖聖者通達物理故作者之謂聖則堯舜禹湯是也○述者之謂明明者辨說是非故脩述者之謂明則子游子夏之屬是也

○樂者天地之和也禮者天地之序也和故百物皆化序故羣物皆別化猶生也別謂形體異也樂由天作禮以地制言法天地也○過制則亂過作則暴過猶誤也暴失文武之意明於天地然後能興禮樂也

疏樂者至樂也○正義曰此一節申明禮樂從天地而來王者必明於天地然後能興禮樂樂者調暢陰陽是天地之和也○禮者天地之序也禮明貴賤是天地之序也○樂由天作者樂生於陽是法天而作也○禮以地制者禮主於陰是法

地而制言法天地也○過制則亂者過謂誤也惟聖人識合天地者則制禮作樂不誤若非聖識則必誤誤制禮則尊卑淫亂也猶地體誤則亂於高下也○過作則暴者謂違暴失所若過誤作樂則樂體違暴失文武之意謂文樂武樂雜亂也

○論倫無患樂之情也欣喜歡愛樂之官也倫猶類也患害也官猶事也○中正無邪禮之質也莊敬恭順禮之制也質猶本也○邪字又作衺同似嗟反若夫禮樂之施於金石越於聲音用於宗廟社稷事乎山川鬼神則此所與民同也言情官質制先王所專也〔疏〕論倫至同也○正義曰此一節明禮樂文質不同事爲有異○論倫無患者樂主和同論說等倫無相毁害是樂之情也言樂之本情欲使倫等和同無相損害也○欣喜歡愛樂之官也者官猶事也賀瑒云八音克諧使物歡欣此樂之事迹也在心則倫類無害故爲樂情在貌則欣喜歡愛故爲樂事也○中正無邪禮之質也者謂內心中正無有邪僻是禮之本質也○莊敬恭順禮之制也者外貌莊敬

謙恭謹愼是禮之節制也○若夫禮樂之施於金石越於聲音者此明樂也○用於宗廟社稷事乎山川鬼神者此明禮也若通而言之則禮樂相將矣○則此所與民同也者言施於金石越於聲音用於宗廟社稷事乎山川鬼神此等與民共同有也前經論樂之情樂之官禮之質禮之制是先王所專有也言先王獨能專此四事○王者功成作樂治定制禮功成治定同時耳功主於王業治主於教民明堂位說周公曰治天下六年朝諸侯於明堂制禮作樂○王如字徐于況反治定直吏反注治定治主下治辯同其功大者其樂備其治辯者其禮具辯偏也○辯本又作辯舊音遍按廣雅辯偏也薄莧反偏音遍干戚之舞非備樂也樂以文德爲備若咸池者孔子曰韶盡美矣又盡善也謂武盡美矣未盡善也孰亨而祀非達禮也達具也郊特牲曰郊血大饗腥三獻爓一獻孰至敬不饗味而貴氣臭也○亨沈普衡反徐許兩反爓在廉反五帝殊時不相沿樂三王異世不相襲禮言其有損益也樂極則憂禮

粗則偏矣樂人之所好也害在淫侉禮人之所勤也害在倦畧○粗倉都反後皆同偏音篇下同好呼報反侉苦瓜反○及夫敦樂而無憂禮備而不偏者其唯大聖乎敦厚也○夫音扶下皆放此○【疏】王者至聖乎○正義曰此章是樂記第三章名曰樂禮章也章中明王者爲治必制禮作樂故名樂禮章也案鄭目録云第三是樂施第四是樂言第五是樂禮今記者以樂禮爲第三言鄭目録當是舊次未合之時此今所列或記家別起意意趣不同故也○王者功成作樂治定制禮者功成謂天子功業既成治定謂民得王教尊卑位定也然功成治定俱是一時但所斷義各有異也故分言耳功成作樂者王者先王之功由民所樂故功成命而作樂以應民所作樂之心猶如民樂周有干戈而業成故周王成功制干戈之樂也治定制禮者禮以體別爲義今治人得體故制禮應之如周王太平乃制禮禮也而樂云作禮云制者作是動用制是裁斷禮是形化故言制樂是氣化故言作亦相互也白虎通云樂者陽也動作倡始故言作也禮者陰也繫制於陽故云制也治定謂教民從化若用質教民治定者則制禮省畧也若用文教民而治定者則制禮繁多也其法雖殊若大判而論則五帝以

上尚樂三王之世貴禮故樂興五帝禮盛三王所以爾者五帝之時尚德故義取於同和三王之代尚禮故義取於儀別是以樂隨王者之功禮隨治世之教也○其功大者其樂備其治辯者其禮具者辯偏也夫禮樂必由其功治功治有大小故禮樂亦應以廣狹也若以一代而言則武王功治尚小故禮樂未得備偏至周公功成治大故禮樂應之而備也若異代言之則堯舜功大治辯樂備禮具若湯武比於堯舜則功小治狹樂不備禮不具也樂備謂文德備具不備謂干戚之舞矣禮具則血腥而祭不具謂孰亨而祀言禮樂之體皆以德為備具也○干戚之舞非備樂也者言周樂干戚之舞非如舜時文德之備樂也○孰亨而祀非達禮也者言後世孰亨牲體而祭祀非如五帝之時血腥之達禮也○五帝殊時不相沿樂者沿因也五帝既先後殊時不相共同用一樂也三王異世不相襲禮者三王前後異世不相共襲因一禮也若論禮樂之情則聖王同用也故前文云禮樂之情同故明王以相沿是也此論禮樂之迹損益有殊隨時而改。云不相襲也○樂極則憂者樂人之所好害在淫侈若極而不止則必至憂慼也○禮粗則偏矣者偏謂倦畧禮者人之所勤言人不能勤行於禮好生懈倦則致粗畧偏謂不周備也及夫敦樂而無憂者敦厚也厚重於樂知足則止而無至於憂也

○禮備而不偏者行禮安靜委曲備具不至勤苦倦畧能如此者其唯大聖乎言大聖之人能行禮樂如此也○注成至作樂○正義曰功成治定同時耳者謂一時之事若周公攝政六年是也云功主於王業者功謂王業之功樂者聖人所樂發揚已之功德故云功成作樂云治主於教民者治定謂治人安定使上下有序禮者主於施下明下之從順故治定制禮也○注樂以至善也○正義曰鄭之此注據異代此經云干戚非備樂明以文德爲備故云若咸池者下文云咸池備矣是也引論語舜以文德爲備故云韶盡美矣謂樂音美也又盡善也謂文德具也虞舜之時雜舞干羽於兩階而文多於武也謂武盡美矣者大武之樂其體美矣下文說大武之樂是也未盡善者文德猶少未致太平○注達具至臭也○正義曰案禮運云薦其血毛謂上古也腥其俎孰其殽謂中古也退而合亨謂三王也是上代質用血腥次代文用亨孰故引郊特牲郊血大饗腥三獻爓一獻孰以結之是畢亨爓孰尊者血腥尊者禮具畢者不具然三王之世禮文煩多五帝之時禮文簡畧今以上世爲具禮下世爲不具禮者禮之所具在於德上代禮文雖畧德備也。下代禮文雖煩德不具也故前文云大禮與天地同節故下篇云無體之禮是其具也○注樂人至倦畧○正義曰樂人之所好。害在淫侉者樂聲之作人聽而不厭是人之所好好而不止放蕩奢佚故害在淫佚若朋淫於家俾晝作夜物極則反樂去憂來又煩手淫聲慆堙心耳則哀痛生也云禮人之所勤也者一獻之禮賓主百拜是所勤也勞而不堪有司跛倚是害在倦畧也

○天高地下萬物散殊而禮制行矣（禮爲異也）流而不息合同而化而樂興焉（樂爲同也）春作夏長仁也秋斂冬藏義也仁近於樂義近於禮（言樂法陽而生禮法陰而成○夏長上戶嫁反下丁丈反下注長養皆同近附近之近又其靳反下皆同）樂者敦和率神而從天禮者別宜居鬼而從地（敦和樂貴同也率循也從順也別宜禮尚異也居鬼謂居其所爲亦言循之也鬼神謂先聖先賢也○率音純本又作敦）故聖人作樂以應天制禮以配地禮樂明備天地官矣（官猶事也各得其事）

【疏】天高至官矣○正義曰此一節申明禮樂配於天地若禮樂備具則天地

之事各得其宜天高地下萬物散殊而禮制行矣者以天高
地下不同故人倫尊卑有異其間萬物各散殊塗禮者別尊
卑定萬物是禮之法制行矣○流而不息合同而化而樂興
焉者言天地萬物流動不息合會齊同而變化者也樂者調
和氣性合德化育是樂興也樂主和同故云興禮主異故云
行此樂與禮行相對樂云興禮加制字而云禮制行者禮以
裁制爲義故特加制樂以興作爲本故不云制也○仁近於
樂義近於禮者仁主仁愛樂主和同故仁近於樂也義主斷
割禮爲節限故義近於禮也○樂者敦和率神而從天者率
循也言樂之爲體敦重和同因循聖人之神氣而從於天也
禮者別宜居鬼而從地者居謂居處也言禮之爲體殊別萬
物所宜居處鬼之所爲而順地也樂所以率神者聖人之魂
爲神樂者調和其氣故云率神禮所以居鬼者賢人之魂爲
鬼禮者裁制形體故云居鬼居者亦率循之義變文爾○禮
樂明備天地官矣者官猶事也言聖人能使禮樂顯明備具
則天地之事各得其利矣○注敦和至賢也○正義曰敦和
樂貴同也者謂敦重於和由其貴同故知敦則貴也和則同
也敦和與別宜相對者別宜謂分別其所宜明敦和是敦重
其所和也云別宜禮尚異也者樂言敦和樂貴同也禮言別
宜是禮尚異也云居鬼謂居其所爲亦言循之也者居鬼謂

居處之所爲居處則依循之義也故云亦言循之也與率神
不異故言亦云鬼神謂先聖先賢也者鬼則先賢神即先聖
聖人魂強能神通變化樂者清虛無體亦能變化故云率神
也賢人魂弱但歸處居住有形上下之禮亦有體依循鬼之
尊卑故云居鬼也賀云以爲居鬼者居其所爲謂若五祀之
神各主其所造而受祭不得越其分是不變化也五祀之神
造門故祭於門造竈故祭
於竈故云居義亦通也○天尊地卑君臣定矣卑高
已陳貴賤位矣動靜有常小大殊矣方以類
聚物以羣分則性命不同矣在天成象在地
成形如此則禮者天地之別也卑高謂山澤也位矣尊卑之位象山
澤也動靜陰陽用事大小萬物也大者常存小者隨陽出入
方謂行蟲也物謂殖生者也性之言生也命生之長短也象
光耀也形體貌也○卑如字又音婢下同
疏 天尊至別也○正義曰自此以下至禮樂云廣明禮樂之功包天地
之德各隨文解之此天尊地卑一經明禮爲天地之別也○天地
卑高已陳貴賤位矣者卑謂澤也高謂山也山澤列在天地

之中故云已陳也貴賤即公卿以下象山川而有貴賤之位也所以鄭云位矣尊卑之位象山澤故鄭注周易云君臣尊卑之貴賤如山澤之有高卑也○動靜有常小大殊矣者動靜謂雷風也動散有常故云常也小大謂萬物也小謂草木春生秋殺及昆蟲夏生冬伏者大謂常存不隨四時變化變化不等故云殊也鄭注易云動靜雷風也而鄭此云陰陽用事者亦得會通也○方以類聚者方謂走蟲禽獸之屬各以類聚不相雜也○物以羣分者物謂殖生若草木之屬各有區分自殊於藪澤者也鄭注易云類聚羣分謂水火也而此注云方謂行蟲物謂殖生者言二注不同各有以也類聚稱方者行蟲有性識道理故稱方也羣分稱物者謂殖生無心靈但一物而已故云物也○則性命不同矣者性生也各有嗜好謂之爲性也命者長短天壽也行殖之物既稟大小之殊故性命天壽不同萬物各有羣類區分性命之別故○聖人因此制禮類族緣物各遂性命也○在天成象者馬融王肅注易並云象者日月星鄭注易云成象日月星辰也注此云象光耀也○在地成形者馬融注易云植物動物也王肅注易云山川羣物也鄭注易云謂草木鳥獸也注此云形體貌也撥此三者所注雖異其意皆同如此○禮者天地之別也者合結禮者天地有別聖人制禮有殊別是從天地之分別也

地氣上齊天氣下降陰陽相摩天地相蕩鼓之以雷霆奮之以風雨動之以四時煖之以日月而百化興焉如此則樂者天地之和也

齊讀爲躋躋升也摩猶迫也蕩猶動也奮訊也百化百物化生也○上齊時掌反齊注讀爲躋又作隮子兮反升也摩本又作磨末河反迫也蕩本或作盪同大黨反霆音廷又作挺奮甫問反易作潤之煖徐詩遠反沈況遠反迫音伯訊本又作迅音信〔疏〕地氣至和也○地氣上齊者齊升也謂地氣上升天天氣下降者謂降下與地氣交合積氣從下升在樂象氣故先從地始形以上爲尊故先禮象形從天爲初○陰陽相摩者摩謂切迫陰陽二氣相切迫也天地相蕩者蕩動也言天地之氣相感動○鼓之以雷霆者雖以氣生而物未發故用雷霆以鼓動之○奮之以風雨者萬物得風雨奮迅而出也○動之以四時者言萬物生長隨四時而動也○煖之以日月者萬物之生必須日月煖煦之自鼓之以雷霆至煖之以日月皆以天地相蕩之事細別言之耳○而百化興焉者百化百物也興生也百物由天地齊降以下諸事○如此則

樂者天地之和也者此結樂也言作樂者法象天地之和氣若作樂和則天地亦和前經云禮者天地之別言制禮者法象之也若制禮得所亦能使天地別異此經樂者樂之不和則是法天地之和氣故云樂者天地之和也

化不時則不生男女無辨則亂升。天地之情也辨別也升成也樂失則害物禮失則亂人〔疏〕化不至情也○此一經明天地不時由禮樂失所○化不時者謂天地化養不得其時則不生物也此明樂所以調和變化故也○男女無辨則亂升者升成也辨別也若男女雜亂無別則亂成也此明禮之所以別男女故也○天地之情也者樂以法天化得其時則物生不得其時則物不生是天之情也禮以法地男女有別則治與男女無別則亂成是地之情也皇氏云天地無情以人心而謂之耳○

及夫禮樂之極乎天而蟠乎地行乎陰陽而通乎鬼神窮高極遠而測深厚極至也蟠猶委也高遠三辰也深厚山川也言禮樂之道上至於天下委於地則其間無所不之○蟠步丹反或蒲河反注同〔疏〕及夫至深厚○正義曰此一節盛說禮樂之大○極乎天者極

至也言禮樂上至乎天。而蟠乎地者蟠委也言禮樂下委於地禮法天地高下是禮至委於天地樂法地地氣上升天氣下降是樂至委於天地天高故言至地下故言委。行乎陰陽者禮法動靜有常樂法陰陽相摩是禮樂行乎陰陽陰陽和四時玉燭應於禮樂是禮樂行乎陰陽。而通乎鬼神者禮樂用之以祭鬼神是通乎鬼神也。窮高極遠者窮盡也高遠謂天之三光三光應禮樂而明是禮樂盡三光之道也。而測深厚者測知也深厚謂地之山川山川應禮樂而出瑞應是測深厚此經盛論禮樂之大厚雖取象於天地功德又能徧滿於天地之間禮運云天降膏露是極乎天也地出醴泉是蟠乎地也日月歲時無易百穀用成是行乎陰陽也作樂一變以至六變百神俱至是通乎鬼神也孝經緯云景星出是窮高極遠也禮運云山出器車魚鮪不淰是測深厚也言禮樂無所不至。

樂著大始而禮居成物 著之言處也大始百物之始主也。著直畧反處也注著之言同大音泰注同處昌呂反

著不息者天也著不動者地也 著猶明白也息猶休止也易曰天行健君子以自強不息

一動一靜者天地之間也 間謂百物也。

故聖

人曰禮樂云言禮樂之法天地也樂靜而禮動其並用事則亦天地之間耳【疏】樂者至樂云○正義曰樂著大始而禮居成物者言樂象於天天爲生物之始著猶處也是樂處大始禮法於地言禮以稟天氣以成於物故云禮居成物著與居相對故注以著爲處也著不息者天也著不動者地也者著謂顯著言顯著明白運生不息者是天也案易乾象云天行健君子以自强不息也顯著養物不移動者地也故坤卦彖云安貞吉言樂法於天動而不息禮象於地靜而不動○一動一靜天地之間也者動者或一物飛走蠢動感天之陽氣也靜者或一物安伏而止靜感地之陰氣也天地之間也者言此一動一靜在天地之間所有百物也動則周禮動物及雷風日月之屬是也靜則植物山陵之屬是也○故聖人曰禮樂云者云言也謂禮樂所言法天地也記者引聖人語證此一章也言聖人云此一章是禮樂法天地故言聖人曰禮樂云○注樂靜至間耳○正義曰言禮樂之法天地也樂靜而禮動其並用事則亦天地之間耳釋禮樂所以亦是天地之間物義也若離而言之則樂靜禮動若禮樂合用事則同有動靜故如天地之間物有動靜也

附釋音禮記注疏卷第三十七

禮記注疏卷三十七挍勘記　阮元撰盧宣旬摘錄

附釋音禮記注疏卷第三十七 惠棟挍宋本禮記正義卷第四十七

樂記第十九

其樂尤微 閩本同惠棟挍宋本同監毛本尤誤元按漢志作樂尤微眇

其內史丞王度傳之 惠棟挍宋本作丞衛氏集說同此誤承閩監毛本同按漢志度作定

餘次奏樂第十二 閩監毛本同惠棟挍宋本餘作下

昭本第二十一 監毛本同衛氏集說亦作昭本閩本昭作招惠棟挍宋本同

凡音之起節 惠棟云凡音節樂者節凡音節宮為君節鄭衛節凡音節人生而靜節是故先王節宋本合為一節

及干戚羽旄 惠棟挍宋本作旄宋監本同石經同岳本同嘉靖本同衛氏集說同陳澔集說同釋文出羽旄

云音毛此本旄誤毛閩監毛本同盧文弨云注釋作旄史記是旄字按正義出經文亦作旄

凡音至之樂 惠棟挍宋本無此五字

則聲爲初音爲樂爲末也 惠棟挍宋本作音爲中衛氏集說同此本中字脫閩監毛本同

易文言文證同聲相應之義也 惠棟挍宋本同閩監毛本文證誤又謂衛氏集說亦作證

按樂師有帗舞 宋監本亦作帗與周禮樂師合毛本同衛氏集說同閩本帗字模糊監本帗誤帗

包含文武之大武 閩監本同惠棟挍宋本大武作大舞毛本同按作大舞是也

樂者音之所由生也節

感於物而后動惠棟挍宋本同石經同岳本同嘉靖本同衞氏集說同閩監毛本后作後石經考文提要云宋大字本宋本九經南宋巾箱本余仁仲本劉叔剛本並作后假借字

言人聲在所見閩監本同考文引宋板同岳本同嘉靖本同衞氏集說同毛本聲誤生

樂者至道也惠棟挍宋本無此五字

是樂由比音而生衞氏集說同閩監毛本比作此是也

而發揚放散無輙礙閩監毛本同惠棟挍宋本礙下有也字

感於物而后動者惠棟挍宋本同閩監毛本后作後

凡音者生人心者也節

凡音至通矣惠棟挍宋本無此五字

明君上之樂隨人情而動監本同衞氏集說同閩本情字闕毛本情作心

則上文感於物而后動是也 惠棟挍宋本同閩監毛本后作後

宮爲君節

㪚敗不和貌 閩監毛本同岳本同嘉靖本同衛氏集說同惠棟挍宋本貌上有之字○按史記樂書注引有之字

商亂則陂 史記陂作槌徐廣注云槌今禮作陂也

其官壞 閩監毛本同石經同岳本同嘉靖本同衛氏集說同陳澔集說官誤臣考文引足利本同石經考文提要云宋大字本劉叔剛本並作其官

王耄荒 各本同釋文耄作旄○按說文作𦒱今作耄假借作旄俗作耄

宮爲至日矣 惠棟挍宋本無此五字

以其徵淸事之象也 閩監毛本同盧文弨云徵淸當作徵淸下同

則五聲之響無攸敗矣閩監毛本同惠棟挍宋本聲作音衛氏集說同

則其聲歆斜而不正也監毛本同惠棟挍宋本斜作邪衛氏集說同閩本此處漶滅

由民勤於事悲哀之所生閩監本同毛本生下有也字衛氏集說同

羽音所以不安者閩本音作聲惠棟挍宋本同衛氏集說同此本誤監毛本同

凡音者生於人心者也節

極窮也各本同盧文弨云足利古本窮上有猶字史記集解同

朱弦而䟽越石經同岳本同嘉靖本同衛氏集說同宋監本同惠棟挍宋本亦作弦閩本弦作絃監毛本同䟽作疏注並同

而不知樂之大理惠棟挍宋本作理此本理誤禮閩監毛本禮作體衛氏集說同

而治道備矣者音由聲生惠棟挍宋本閩毛本並同監本音誤言

樂由音聲相生　閩監毛本同惠棟挍宋本相作而

○而治道備矣　監本同案而字上○衍

隆謂隆盛樂之隆盛　惠棟挍宋本樂上有言字此本脫閩監毛本同

此覆上饗之禮　惠棟挍宋本饗上有食字衞氏集說同此本脫閩監毛本同

後有垮越　閩監毛本同惠棟挍宋本有作首垮作挎與鄉飲酒禮合

按郊特牲郊血大饗腥　閩監毛本同惠棟挍宋本牲下有云字衞氏集說同

云遺猶餘者也　惠棟挍宋本作也者此本也者二字倒閩監毛本同

人生而靜節

性之欲也　史記欲作頌徐廣曰頌音容今禮作欲

則是物至而人化物也　閩監毛本同岳本同嘉靖本同惠棟挍宋本云而人化物也下脫注隨物

變化四字盧文弨云惠棟據史記集解增

是情別矣惠棟按宋本情下有性字此本脫閩監毛本同

而人之好惡而無節者惠棟按宋本無節上無而字此本誤衍閩監毛本同

是故先王之制禮樂節

言爲作法度以遏其欲各本同盧文弨云足利古本欲下有也字史記集解同按衛氏集說亦有也字

則以刑罰防止也閩監毛本同惠棟按宋本也作之衛氏集說同

則王道備具矣閩監毛本同衛氏集說同惠棟按宋本備具作具備

樂者爲同節

合情飾貌者各本同石經同釋文出飭貌云本又作飾

欲其並行斌斌然　各本同盧文弨云足利古本作彬彬史記集解同按釋文出斌斌云本又作彬彬。按說文作份又云古文份从彡林斌俗作字

樂者至行矣　惠棟挍宋本無此五字

分別仔細不可委知　惠棟挍宋本仔作子閩監毛本委作悉

先論其異同也　閩監毛本同惠棟挍宋本異同作同異

禮使父子殊別是爲異　閩監毛本同惠棟挍宋本異下有也字

則民行治也　閩監毛本同惠棟挍宋本行治作治行衞氏集說作則民治行矣

樂由中出節

樂由至行矣　惠棟挍宋本無此五字

此一節　監本毛本作節惠棟挍宋本作經

大樂與天地同和節

言順天地之氣與其數各本同盧文弨云足利古本數下有也字史記集解同

故明王以相沿也石經同宋監本同惠棟按宋本同岳本同嘉靖本同釋文亦作沿閩監毛本沿作沿衞氏集說同注放此下不相沿樂同

舉事在其時也惠棟按宋本同宋監本同岳本同嘉靖本同考文引足利本同閩本舉字闕監毛本舉作爲衞氏集說同○按史記注引作舉

名因其得天下之功閩監毛本同岳本名作各嘉靖本同衞氏集說同考文引古本足利本同

大樂至功偕惠棟按宋本無此五字

故四海之內合其敬愛閩監毛本同惠棟按宋本合作會

○注云精氣謂七八閩監本同惠棟按宋本○無毛本同按○不當有

生則有禮樂化民　閩監毛本同惠棟挍宋本有作以

故鐘鼓管磬節

故鐘鼓管磬　監毛本同石經同岳本同嘉靖本同閩本鐘作鍾衛氏集說同

屈伸俯仰　史記作詘信俯仰○按說文作屈申段玉裁云屈亦作詘所謂隨體詰詘也伸古經傳皆作信周易詘信相感而利生焉又尺蠖之詘以求信也

綴兆舒疾　史記綴作級徐廣曰級今禮作綴

故鐘至謂也　惠棟挍宋本無此五字

所以能制作者　閩監毛本同惠棟挍宋本者作也

樂者天地之和也節

樂生於陽注　閩監毛本同衛氏集說同考文云宋板生作

禮主於陰 閩本同惠棟挍宋本同監毛本主作生衞氏集說同

論倫無患節

論倫至同也 惠棟挍宋本無此五字

此等與民共同有也 閩監毛本同衞氏集說共作所

王者功成作樂節

其治辯者 閩監毛本同石經同岳本同嘉靖本同衞氏集說同釋文出治辨云本又作辯

辯徧也 各本同釋文辯作辨

孔子曰韶盡美矣 閩監本同岳本同嘉靖本同衞氏集說同毛本韶誤紹

達具也 惠棟挍宋本具上有猶字史記注引同

害在淫侈 閩監毛本同岳本同嘉靖本同衞氏集說同釋文亦作侈史記注同惠棟挍宋本侈作夸

王者至聖乎　惠棟挍宋本無此五字

今記者以樂禮爲第三言　閩監毛本同衞氏集說言作章

而樂云作禮云制者　閩監毛本同惠棟挍宋本無而字衞氏集說同

故義取於同和　閩監毛本同惠棟挍宋本同和作和同

云不相襲也　惠棟挍宋本上有故字此本故字脫閩監毛本同衞氏集說作故不相沿襲也

注成至作樂　補案成上當有功字

禮文雖略德備也　閩監毛本同惠棟挍宋本備下有具字

樂人之所好害在淫侉　惠棟挍宋本好下有也字

天高地下節

樂者敦和　各本同石經同釋文出惇和云本又作敦○按惇正字今多作敦假借非本字也

天高至官矣　惠棟按宋本無此五字

神卽先聖　惠棟按宋本同閩監毛本卽作則

上下之禮亦有體　閩監本同毛本禮誤體

天尊地卑節

卑高已陳　閩監毛本同石經同岳本同嘉靖本同衞氏集說同坊本已作以石經考文提要云宋大字本宋本九經南宋巾箱本余仁仲本劉叔剛本並作已

小大萬物也　惠棟按宋本作小大岳本同衞氏集說同此本小大二字倒閩監毛本同嘉靖本同

小者隨陽出入　閩監毛本同岳本同嘉靖本同衞氏集說同惠棟按宋本陽上有陰字是也盧文弨云史記集解有陰字

天尊至別也　惠棟按宋本無此五字

故聖人因此制禮 閩監毛本同惠棟挍宋本無故字衞氏集說同

如此禮者天地之別也者 閩監本同惠棟挍宋本禮上有則字毛本同

地氣上齊節

奮訊也 閩監毛本同嘉靖本同惠棟挍宋本訊作迅岳本同衞氏集說同釋文出奮訊云本又作迅按正義云奮迅而出是正義本當作迅也○按迅正字訊假借字史記集解作迅

地氣至和也 惠棟挍宋本無此五字

天氣下降者 閩監本同毛本下降二字倒

故先禮象形從天爲初 閩監毛本同蒲鏜云故先二字疑在象形下按衞氏集說作在禮象形故從天爲初

百物由天地齊降 惠棟挍宋本百物下有化生二字此本脫閩監毛本同

此經樂者樂之不和 惠棟挍宋本和上無不字閩監毛本樂之和作天地之和

化不時節

男女無別則亂升 史記升作登注同

化不至情也 惠棟挍宋本無此五字

及夫禮樂之極乎天節 惠棟云及夫禮樂節樂著大始節宋本合爲一節

及夫至深厚 惠棟挍宋本無此五字

此經盛論禮樂之大厚 閩監毛本厚作原衞氏集說厚字無

樂著大始節

大始百物之始主也 閩監毛本同岳本主作生嘉靖本同衞氏集說同惠棟挍宋本考文引古本足利本同

則亦天地之間耳 閩監本同岳本同嘉靖本同考文引宋板古本足利本同毛本亦誤下

樂著至樂云〇正義曰 惠棟挍宋本無此八字

動則周禮動物 閩本同毛本禮作還監本動誤物

附釋音禮記注疏卷第三十七 惠棟挍宋本禮記正義卷第四十七終記云凡二十八頁

禮記注疏卷三十七挍勘記

附釋音禮記注疏卷第三十八

禮記　鄭氏注　孔穎達疏

樂記

昔者舜作五弦之琴以歌南風夔始制樂以賞諸侯夔欲舜與天下之君共此樂也南風長養之風也以言父母之長養已其辭未聞也夔舜時典樂者也書曰夔命女典樂○夔求龜反舜臣女音汝【疏】昔者至諸侯○正義曰此一節論樂記第四章名爲樂施施者用於天下此章中明樂施被之事也本是第三前既推禮章爲第三此爲第四亦明禮樂既備後乃施布天下也自此至知其行也此一節特明聖人制樂以賞諸侯其功大者其樂備○昔者舜作五弦之琴以歌南風者五弦謂無文武二弦唯宮商等之五弦也南風詩名是孝子之詩南風長養萬物而孝子歌之言已得父母生長如萬物得南風生也舜有孝行故以此五弦之琴歌南風之詩而教天下之孝也此詩今無故鄭注云其辭未聞也案世本云神農作琴今云舜作者非

謂舜始造也正用此琴特歌南風始自舜耳或五弦始舜也○夔始制樂以賞諸侯者夔是舜典樂之官名夔欲天下同行舜道故歌此南風以賞諸侯使海內同孝也然樂之始亦不正在夔也正是夔始以此詩與諸侯○注夔欲至典樂○正義曰夔欲舜與天下之君共此樂者舜既獨歌南風夔爲典樂之官欲合舜與天下諸侯共歌此南風之樂故制此南風之樂以賞諸侯云其辭未聞也者此南風歌辭未得聞也如鄭此言則非詩凱風之篇也熊氏以爲凱風非矣案聖證論引尸子及家語難鄭云昔者舜彈五弦之琴其辭曰南風之薰兮可以解吾民之慍兮南風之時兮可以阜吾民之財兮鄭云其辭未聞失其義也今案馬昭云家語王肅所增加非鄭所見又尸子雜說不可取證正經故言未聞也 ○

故天子之爲樂也以賞諸侯之有德者也。德盛而教尊五穀時孰然後賞之以樂。故其治民勞者其舞行綴遠。其治民逸者其舞行綴短。民勞則德薄酇相去遠舞人少也民逸則德盛酇相去近舞人多也○行戶剛反下同

疏 故天至綴短

短。正義曰此一經明諸侯德尊樂備舞具各隨文解之。故其治民勞者其舞行綴遠者綴謂酇也遠是舞者外營域行列之處若諸侯治理於民使民勞苦者由君德薄賞之以樂舞人既少故其舞人相去行綴遠謂由人少舞處寬也。其治民逸者其舞行綴短者此諸侯治理於民使逸樂由其君德盛故賞之以樂舞人多故去行綴短也謂由人多舞處狹也舞處之綴一種但人多則去之近人少則去之遠也。注民勞至多也。正義曰鄭謂酇聚舞人行位之處立表酇以識之

故觀其舞知其德聞其謚知其行也謚者行之迹也。行下孟反注同〔疏〕故觀至行也。正義曰此覆結上文。觀其舞之遠近則知其德之薄厚由舞所以表德也。聞其謚知其行也者此一句以謚比擬其舞也聞謚之善否知其行之所好惡由謚所以迹行也

〇**大章章之也**堯樂名也言堯德章明也周禮闕之或作大卷**咸池備矣**黃帝所作樂名也堯增脩而用之咸皆也池之言施也言德之無不施也周禮曰大咸。大咸如字一本作大卷並音權**韶繼也**舜樂名也韶之言紹也言舜能繼紹堯之德周禮曰大韶。韶上遙反注同**夏大也**禹樂

名也言禹能大堯舜之德周禮曰大夏**殷周之樂盡矣**言盡人事也周禮曰大濩大武○濩音護

〔疏〕大章至盡矣○正義曰此一節論六代之樂也○大章章之也者章明也堯樂謂之大章者言堯之德章明於天下也○咸池備矣者咸皆也池施也咸池皇帝之樂名言黃帝之德皆施被於天下無不周徧是爲備具矣○韶繼也者韶舜樂名言舜之道德能繼紹於堯也○夏大也者夏禹樂名言禹能光大堯舜之德○殷周之樂盡矣者殷樂謂湯之大濩也周樂謂周之大武也言於人事盡極矣但自夏以前皆以文德王有天下殷周二代唯以武功爲民除殘伐暴民得以生人事道理盡極矣○注堯樂至大卷○正義曰知大章堯樂者案樂緯及禮樂志云黃帝曰咸池堯作大章故知大章堯樂名也云周禮闕者言周禮無大章故云闕也此本云大章周禮曰大卷言此大章當周禮大卷也○注黃帝至大咸○正義曰今知咸池是黃帝所作樂名者案樂緯及禮樂志云皇帝曰咸池故知咸是黃帝樂名云堯增脩而用之者此黃帝所作咸池之樂至堯之時更增改脩治而用之周禮大司樂謂之大咸咸池雖黃帝之樂若堯既增脩而用之者則世本名咸池是也故此文次在大章之下矣又周禮云咸池以祭地黃帝之樂堯不增脩者則別立其名則

此大章是也其咸池雖黃帝之樂堯增脩者至周謂之大咸其黃帝之樂堯不增脩大章者至周謂之大卷於周之世其黃帝樂堯不增脩謂之大卷者更加以雲門之號是雲門大卷一也熊氏云知大卷當大章者案周禮云雲門大卷大卷在大咸之上此大章在咸池之上故知大卷當大章知周別爲黃帝堯名雲門者以此樂記唯云咸池大章無雲門之名周禮雲門在六代樂之首故知別爲黃帝立雲門之名也知於大卷之上加雲門者以黃帝之樂堯增脩者旣謂之咸池不增脩者別名大卷明周爲黃帝於不增脩之樂別更立名故知於大卷之上別加雲門是雲門大卷一也故周禮雲門大卷鄭注云黃帝曰雲門大卷言黃帝之德如雲之出民得以有族類知黃帝之樂堯增脩曰咸池者以禮樂志云黃帝曰咸池今周禮大咸在雲門之下大韶之上當堯之代故知堯增脩曰咸池增脩者以五帝殊時不相沿樂故知堯增脩也知樂有增脩者禮樂志漢之文始舞者韶舞高帝六年更云改名文始也漢之五行舞者本周舞始皇二十六年更立五行舞是知有增脩之法熊氏又云案五行鈎命決云伏犧樂爲立基神農樂爲下謀祝融樂爲祝續案樂緯云黃帝曰咸池帝嚳曰六英顓頊曰五莖堯作大章舜曰簫韶禹曰大夏商曰大濩周曰大武象禮樂志云顓頊作六莖帝嚳作五英

與樂緯不同其餘無異名曰六英者宋均注云爲六合之英華五龍爲五莖者能爲五行之道立根莖也○注韶之言紹也○正義曰案元命包云舜之時民樂紹堯業故云韶之言紹也○注言禹能大堯舜之德○正義曰案司樂注云禹德能大中國此云大堯舜之德者以廣大中國則是大堯舜德其義然也○注周禮曰大濩大武○正義曰案司樂注云湯德能使天下得其所是其德也元命包曰湯之時民樂其救之於患害故曰濩救世由救之故民得所義亦通也大武武王樂也以武取定天下周公制焉

天地之道寒暑不時則疾風雨不節則饑教者民之寒暑也教不時則傷世事者民之風雨也事不節則無功教謂樂也○饑居祈反然則先王之爲樂也以法治也善則行象德矣以法治以樂爲治之法行象德民之行順君之德也○治直吏反下同

疏天地至德矣○正義曰此一節明樂之爲善樂得其所則事有功也○然則先王之爲樂也以法治也者言先王作樂以爲治爲法若樂善則

治得其善若樂不善則治乖於法則前文教不時則傷世。不節則無功是也○善則行象德矣者言人君爲治得其所教化美善則下民之行法象君之德也○夫豢豕爲酒非以爲禍也而獄訟益繁則酒之流生禍也以穀食犬豕曰豢爲作也言豢豕作酒本以饗祀養賢而小人飲之善酗以致獄訟○豢音患養也食音嗣酗許具反是故先生因爲酒禮壹獻之禮賓主百拜終日飲酒而不得醉焉此先王之所以備酒禍也壹獻士飲酒之禮百拜以喻多。故酒食者所以合歡也樂者所以象德也禮者所以綴淫也綴猶止也。綴知劣反○是故先王有大事必有禮以哀之有大福必有禮以樂之哀樂之分皆以禮終大事謂死喪也○樂音洛下所樂哀樂樂康樂皆同分扶問反樂也者

聖人之所樂也而可以善民心其感人深其移風易俗故先王著其教焉著猶立也謂立司樂以下使教國子○著知慮反

〔疏〕六參至教焉○正義曰此一節明言禮樂之設不得其所則禍亂興故先王節其禮樂以防淫亂也○夫豢豕為酒非以為禍也者豢養也言養豕作酒本為行禮非以為禍亂而為也○而獄訟益繁則酒之流生禍也者言由酒至酗鬭爭殺傷而刑獄增益繁多則是酒之流生害所以生此獄訟之禍也○是故先王因為酒禮者由其生禍故先王因此為飲酒之禮也○壹獻之禮賓主百拜者謂士之饗禮唯有壹獻言所獻酒少也從初至末賓主相荅而有百拜言拜數多也是意在於敬不在酒也○終日飲酒而不得醉焉者謂饗禮也以其恭敬示飲而已故不得醉也○樂者所以象德也者謂君作樂以訓民使民法象其德也禮者所以綴淫也者綴止也言人君制禮以教天下所以綴止淫邪也○樂也者聖人之所樂也者言樂體者聖人心所愛樂也聖人貪愛此樂以樂身化民而可以善民心者言用樂化民調善民心其感人深者言樂本從民心而來乃成於樂故感動人深也○其移風易俗者風謂水土之風氣謂舒疾剛柔

俗謂君上之情欲謂好惡趣捨用樂化之故使惡風移改弊俗變易○故先王著其教焉者著立也以其樂功如此故先王立樂官以樂教化焉○注壹獻至喻多○正義曰凡饗禮案大行人云上公九獻侯伯七獻子男五獻並依命數其臣介則孤同子男卿大夫畧爲一節但三獻則天子諸侯之士同壹獻故昭六年季孫宿如晉晉侯享之有加籩武子退使行人告曰得貺不過三獻是其事也但春秋亂世之法或有大夫五獻者故昭元年鄭伯享趙孟具五獻之籩豆於幕下是亂世之法也或者鄭以公孤之禮享趙孟故五獻也言百拜喻多者案今鄉飲酒之禮是壹獻無百拜今云百拜故喻多也○夫民有血氣心知之性而無哀樂喜怒之常應感起物而動然後心術形焉言在所以感之也術所由也形猶見也○知音智應於甑反篇內同見賢遍反是故志微噍殺之音作而民思憂嘽諧慢易繁文簡節之音作而民康樂粗厲猛起奮末廣賁之音作而民剛毅廉直

勁。正莊誠之音作而民肅敬寬裕肉好順成和動之音作而民慈愛流辟邪散狄成滌濫之音作而民淫亂志微意細也吳公子札聽鄭風而曰其細已甚民弗堪也簡節少易也奮末動使四支也賁讀爲憤憤怒氣充實也春秋傳曰血氣狡憤肉肥也狄滌往來疾貌也濫僭差也此皆民心無常之傚也肉或爲潤○噍子遥反殺色界反又色例反思息吏反又音斯嘽昌善反諧戸皆反慢本又作慢莫諫反易以豉反淫同粗七奴反賁依注讀爲憤扶粉反勁吉正反裕羊樹反肉而救反肥也淫同好呼報反辟匹亦反邪似嗟反後皆同狄他歷反淫同滌大歷反淫同濫力暫反札測八反賁讀音奔又補義反狡本又作交古卯反又音郊僭子念反傚戸教反【疏】夫民至淫亂○正義曰皇氏以爲自此以下至君子賤之也是樂言之科各隨文解之此一節民有血氣以下至淫亂以上論人心皆不同隨樂而變夫樂聲善惡本由民心而生所感善事則善聲應所感惡事則惡聲起樂之善惡初則從民心而興後乃合成爲樂樂又下感於人善樂感人則人化之爲善惡樂感人則人隨之爲惡是樂出於人

而還感人猶如雨出於山而還雨山火出於木而還燔木故
此篇之首論人能興樂此章之意論樂能感人也○故民有
血氣心知之性者人由血氣而有心知故血氣心知連言之
其性雖一所感不恒故云而無哀樂喜怒之常也應感起物
而動動者言內心應感起於外物謂物來感已心遂應之念慮
興動故云應感起物而動○然後心術形焉者術謂所由道
路也形見也以其感物所動故然後心之所由道路而形見
焉心術見者即下文是也○是故志微噍殺之音作而民思
憂者志微謂人君志意微細噍殺謂樂聲噍蹙殺小如此音
作而民感之則悲思憂愁也○嘽諧慢易繁文簡節之音作
而民康樂者嘽寬也諧和也慢疏也繁多也簡節易少也康
安也言君若道德嘽和疏易則樂音多文采而節奏簡畧則
下民所以安樂也○粗厲猛起奮末廣賁之音作而民剛毅
者粗厲謂人君性氣粗疏威厲猛起謂武猛發起奮末謂奮
動手足廣賁謂樂聲廣大憤氣充滿如此音作而民感之則
性氣剛毅也廉直勁正莊誠之音作而民肅敬者君若廉直
勁正則樂音矜莊嚴栗而誠信故民應之而肅敬也○寬裕
肉好順成和動之音作而民慈愛者肉謂厚重者也君上如
寬裕厚重則樂音順序而和諧動作故民皆應之而慈愛也
○流辟邪散狄成滌濫之音作而民淫亂者流辟謂君志流移

不靜邪散謂違辟不正放邪散亂狄成滌濫皆謂往來速疾謂樂之曲折速疾而成疾速而止僭濫止謂樂聲急速如此音作民感之淫亂也此六事所云音者皆據君德及樂音相雜也君德好而樂音亦好君德惡而樂音亦惡皆上句論君德下句論樂音其意易盡者則一句四字以結之志微噍殺是也其狀難盡者則兩句八字以結之嘽諧慢易繁文簡節之類是也意稍可盡者或六字以結之廉直勁正莊誠是也○注志微至貌也○正義曰云志微意細也者謂君德也言君意苛細樂聲亦苛細也故鄭引襄二十九年吳公子札聽鄭風云其細已甚是聽鄭風而知君德苛細也云簡節少易也者謂樂聲曲折雖繁多其節簡少謂緩歌而疏節也云奮末動使四支也者以身爲本以手足爲末故云動使四支云賁讀爲憤憤怒氣充實也者以經之賁字於易卦賁爲飾賁又爲大皆非猛厲之類故讀爲憤引春秋傳以證之案僖十五年左傳稱晉侯欲乘鄭之小駟慶鄭諫云小駟鄭之所入也言馬之血氣狡作憤怒也云肉肥也者言人肉多則體肥以喻人之性行敦重也云狄滌往來疾貌也者詩云踧踧周道字雖異與此狄同詩又云滌滌山川皆物之形狀故云往來疾貌謂樂之曲折音聲速疾也

○是故先王本之情性稽之度數

制之禮義合生氣之和道五常之行使之陽而不散陰而不密剛氣不怒柔氣不懾四暢交於中而發作於外皆安其位而不相奪也生氣陰陽氣也五常五行也密之言閉也懾猶恐懼也○稽古奚反道音導行下孟反懾之涉反暢勑亮反恐曲勇反然後立之學等廣其節奏省其文采以繩德厚等差也各用其才之差學之廣謂增習之省猶審也文采謂節奏合也繩猶度也周禮大司樂以樂語教國子興道諷誦言語以樂舞教國子舞雲門大卷大咸大韶大夏大濩大武○省西領反度大各反興道上許膺反下音導諷芳鳳反卷音權律小大之稱比終始之序以象事行律六律也周禮典同以六律六同辨天地四方陰陽之聲以為樂器小大謂高聲正聲之類也終始謂始於宮終於羽宗廟黃鍾為宮大呂為角大蔟為徵應鍾為羽以象事行君為宮商為臣○稱尺證反比毗志反大蔟音泰蔟七豆反使親疎

貴賤長幼男女之理皆形見於樂故曰樂觀其深矣謂同聽之莫不和敬莫不和順莫不和親○長幼丁丈反下同見賢遍反〔疏〕是故至深矣○正義曰上經既明樂之感人故此節明先王節人情性使之和其律呂親疏有序男女不亂乃成爲樂也○本之情性者言自然所感謂之性因物念慮謂之情言先王制樂本人情性稽之度數者稽之言考也既得人情考之使合度數○制之禮義者謂裁制人情以禮義合生氣之和道五常之行者言聖人裁制人情使合生氣之和道達人情以五常之行謂依金木水火土之性也○使之陽而不散者陽主發動失在流散先王教之感陽氣者不使放散也○陰而不密者密閉也陰主幽靜失在閉塞先王節民情感陰氣者不有閉塞也○剛氣不怒柔氣不懾者言先王節之使剛氣者不至暴怒感柔氣者不至恐懼也○四暢交於中而發作於外者四暢謂陰陽剛柔也四者通暢交在身中而發見動作於身外也○皆安其位而不相奪也者言陰陽剛柔各得其所是安其位也不相侵犯是不相奪也○然後立之學等者先王欲稽之度數制之禮義非教不可故立之學等使依其才藝等級而教學之○廣其節奏者廣謂增習寬廣其樂之節奏也○

省其文采者省謂省審也文采謂樂之宮商相應若五色交采省其音曲文采也○以繩德厚者繩度也謂準度以道德仁厚也○律小大之稱者律謂六律小之與大以爲樂器使音聲相稱也○比終始之序者五聲始於宮終於羽比五聲終始使有次序也○以象事行者謂使人法象五聲是事行也若宮象君商象臣角象民徵象事羽象物是以象事行也皆形見於樂者以先王制樂如此以化於民由樂聲調和故親疏之理見於樂聲也樂聲有清濁高下故貴賤長幼見於樂也以樂聲有陰陽律呂故男女之理見於樂也○故曰樂觀其深矣者皇氏云古語云樂觀其深言樂爲道人觀之益大深古語有此故記者引古語以結之○注生氣至行也○正義曰云生氣陰陽氣也者下云陽而不散陰而不密故爲陰陽云五常五行也者此經有陰陽剛柔皆自天地之氣故以五常爲五行非父義母慈之德謂五常之行者若木性仁金性義火性禮水性智土性信五常之行也○注等差至國子○正義曰經云立之學等是學有等差隨才高下而爲等云廣謂增習之者學者習音樂使其廣大也云文采謂節奏合也者文謂宮商相應若畫采成文即上文聲成文是也云繩猶度也繩是量度之物經云以繩德厚謂量度之以道德仁厚故鄭引周禮大司樂以樂語教國子興道諷誦言語以樂舞教

國子之等是也○注律六至爲臣○正義曰引周禮典同者
證樂器用六律六呂也案典同云辨天地四方陰陽之聲鄭
注云六律六呂布於四方陽聲屬天陰聲屬地故云天地四
方陰陽之聲陰聲謂六呂陽聲謂六律云以爲樂器小大者
若黃鍾之律長九寸應鍾之律長四寸半強各自倍半爲鍾
是其小大也云謂高聲正聲之類也者案周禮典同云高聲
混鄭注云𤭁謂高鍾形大上上大也高則聲上藏衮然正聲
緩鄭云正謂上下直正則聲緩無所動下聲肆鄭云下謂鍾
形大下下大也下則聲出去放肆陂聲散鄭云陂謂偏侈陂
則聲離散也險聲斂鄭云險謂偏弇也險則聲斂不越也達
聲贏鄭云達謂其形微大也達則聲有餘微聲韽鄭云微謂
其形微小韽聲小不成也回聲衍鄭云回謂形微圜也回則
其聲淫衍無鴻殺也侈聲筰鄭云侈謂中央約也侈則聲迫
筰出去疾也弇聲鬱鄭云弇謂中央寬也弇則聲鬱勃不出
也薄聲甄鄭云甄猶掉也鍾微薄則聲掉厚聲石鄭云大厚
則如石叩之無聲此等之聲皆鍾形不得其所此引之證大
小稱者以作鍾之法須小大稱宜今鍾不得其所明其不稱
也云宗廟黃鍾爲宮大呂爲角大簇爲徵應鍾爲羽者大司
樂文祫祭降神之樂也案大司樂祭天祭地皆有降神獨引
宗廟降神者以經云終始之序宗廟降神黃鍾爲宮是律之

最長者應鐘爲羽是律之最短者故特引之證經之終始土敝則草木不長水煩則魚鼈不大氣衰則生物不遂世亂則禮慝而樂淫是故其聲哀而不莊樂而不安慢易以犯節流湎以忘本廣則容姦狹則思欲感條暢之氣而滅平和之德是以君子賤之也

遂猶成也慝穢也廣謂聲緩也狹謂聲急也感動也動人條暢之善氣使失其所○敝音弊慝吐得反注及下同易以豉反湎綿鮮反狹音洽注同和胡卧反穢字又作濊紆廢反徐烏會反【疏】土敝至之也○正義曰此經論聖王作樂不得其所則滅和平之德故君子賤之○土敝則草木不長者土之勞敝故草木不長○水煩則魚鼈不大者水之煩擾故魚鼈不大○氣衰則生物不遂者陰陽之氣衰亂故生物不得遂成○世亂則禮慝而樂淫者慝惡也淫過也世道衰亂上下無序故禮慝男女無節故樂淫以上三事皆喻禮慝樂淫也○是故其聲哀而不莊樂而不安者謂男女相愛涕

泗滂沱是其哀也男女相說歌舞於市井是不莊也俾晝作夜是其樂也終至滅亡是不安也○慢易以犯節流湎以忘本者朋淫於家是慢易以犯禮節也淫酗肆虐是流湎以忘根本也○廣則容姦者廣謂節間疏緩言音聲寬緩多有姦淫之聲也○狹則思欲者狹謂聲急節間迫促樂聲急則動發人心思其情欲而切急○感條暢之氣而滅平和之德者感謂感動也條遠也暢舒也言淫聲感動於人損長遠舒暢之善氣而毀滅平和之善德矣是以君子賤之也者賤謂棄而不用也若師曠聞桑間濮上之聲撫而止之是也○。凡姦聲感人而逆氣應之逆氣成象而淫樂興焉正聲感人而順氣應之順氣成象而和樂興焉倡和有應回邪曲直各歸其分而萬物之理各以類相動也成象者謂人樂習焉○倡昌尚反又音唱下同分扶問反是故君子反情以和其志比類以成其行姦聲亂色不留聰明淫樂

慝禮不接心術惰慢邪辟之氣不設於身體使耳目鼻口心知百體皆由順正以行其義

反猶本也術猶道也○行下孟反惰徒卧反辟匹亦反知音智〔疏〕凡姦至其義○正義曰皇氏云自此以下至贈諸侯也爲樂象之科各隨文解之從此至以行其義明樂有姦聲正聲以類相感君子當去淫聲用正聲也凡姦聲感人而逆氣應之者姦聲謂姦邪之聲感動於人逆氣謂違逆之氣即姦邪之氣也人既感姦邪之聲則有姦邪之氣來應也○逆氣成象而淫樂興焉者既感姦邪之聲心又感姦邪之氣二者相合而成象淫樂遂興若人耳初聽姦邪之聲其姦邪未甚心又感姦邪之氣其亂乃成不可救止紂作靡靡之樂是也○正聲感人而順氣應之順氣成象而和樂興焉者正聲感動於人而順氣來應既聞順聲又感順氣二者相合而成象則和樂興若周室太平頌聲作也○倡和有應者初有姦聲正聲感人是倡也後有逆氣順氣是和也善倡則善和惡倡則惡和是倡和有應○回邪曲直各歸其分者回謂乖違邪謂邪辟言乖違邪辟及曲之與直各歸其善惡之分限也言善歸善分惡歸惡分○而萬物之理各以類相動也者

既善惡各歸其分是萬物之情理各以類自相感動也是故君子反情以和其志者反情謂反去淫弱之情理以調和其善志也○比類以成其行者比謂比擬善類以成已身之美行○姦聲亂色不留聰明者謂不使姦聲亂色留停於耳目令耳目不聰明也○淫樂慝禮不接心術者謂不使淫樂慝禮而連接於心術謂心不存念也○惰慢邪辟之氣不設於身體者以耳目心術所爲皆善則怠惰邪辟之氣無由來入也故邪辟之氣不施設於身體○使耳目鼻口心知百體皆由順正以行其義者旣邪辟不在於身耳目口鼻想知慮百事之體皆由順正由從也皆從和順以行其正直義理也

然後發以聲音而文以琴瑟動以干戚飾以羽旄從以簫管奮至德之光動四氣之和以著萬物之理奮猶動也動至德之光謂降天神出地祇假祖考著猶成也○著張慮反假古迫反是故清明象天廣大象地終始象四時周還象風雨五色成文而不亂八風從律而不姦百

度得數而有常小大相成終始相生倡和清濁迭相爲經清明謂人聲也廣大謂鐘鼓也周還謂舞者五色五行也八風從律應節至也百度百刻也言日月晝夜不失正也清謂蕤賓至應鐘也濁謂黄鐘至中吕○還音旋注同迭大結反中音仲故樂行而倫清耳目聰明血氣和平移風易俗天下皆寧言樂用則正人理和陰陽也倫謂人道也

【疏】然後至皆寧○正義曰前經明君子去姦聲行正聲故此一節明正聲之道論大樂之德可以移風易俗安天下也○發以聲音者謂其動發心志以聲音也○而文以琴瑟者謂文飾聲音以琴瑟也○動以干戚者謂其振動形體以干戚飾以羽旄者其裝飾樂具以羽旄也○從以簫管者謂其隨從諸樂以簫管奮至德之光者謂用上諸樂奮動天地至極之德光明謂神明來降也○動四氣之和者謂感動四時之氣序之和平使陰陽順序也○以著萬物之理者樂既和平故能著成萬物之道理謂風雨順寒暑時鬼神降其福萬物得其所也○是故清明象天者由樂體如此故人之歌曲清潔顯明以象於天也廣大象地者謂鐘鼓鏗鏘寬

廣壯大以象於地也○終始象四時者終於羽始於宮象四時之變化終而復始也○周旋象風雨者言舞者周匝迴還象風雨之迴復也○五色成文而不亂者五色五行之色也既有所象故應達天地五行之色各依其行色成就文章而不錯亂崔氏云五色者五行之音謂宮商角徵羽之聲和合成文不亂也而云五色因五行之色別廣以明義也○八風從律而不姦者八風八方之風也律謂十二月之律也樂音象八風其樂得其度故八風十二月律應八節而至不爲姦慝也八風者白虎通云距冬至四十五日條風至條者生也四十五日明庶風至明庶者迎衆也四十五日清明風至清明者芒也四十五日景風至景者大也言陽氣長養也四十五日凉風至凉寒也陰氣行也四十五日閶闔風至閶闔者成收藏也四十五日不周風至不周者不交也言陰陽未合化矣四十五日廣莫風至廣莫者大莫也開陽氣也八節者立春春分立夏夏至立秋秋分立冬冬至○百度得數而有常者百度謂晝夜百刻昏明晝夜不失其正故度數有常也小大相成者賀瑒云十二月律互爲宮羽而相成也○終始相成者賀瑒云五行宮商迭相用爲終始○倡和淸濁者謂十二月律先發聲者爲倡後應聲者爲和黃鍾至仲呂爲濁長者濁也蕤賓至應鍾爲淸短者淸也○迭相爲經者十二

月之律更相爲常即還相爲宮是樂之常也○故樂行而倫清者倫類也以其正樂如上所爲故其樂施行而倫類清美矣人聽之則耳目清明血氣和平也樂法既善變移敝惡謹風改革昏亂之俗人無惡事故天下皆寧矣○注清明至行也○正義曰八音氣濁唯人聲清明故知清明謂人聲也云廣大謂鐘鼓也者下云鐘聲鏗又云鼓鼙之聲讙鏗之與讙皆廣大之意云五色五行也者五行之聲宮商角徵羽相應成文如清黃相雜故云五色也

○故曰樂者樂也君子樂得其道小人樂得其欲以道制欲則樂而不亂以欲忘道則惑而不樂道謂仁義也欲謂邪淫也

【疏】故曰至不樂○正義曰前經明正樂感人情此經明君子小人各有所樂故云樂者樂也故者因上起下所以言故曰諸例皆然矣○樂者樂也者謂所名樂者是人之所歡樂也○君子樂得其道小人樂得其欲者道謂仁義欲謂邪淫君子所歡樂在於得仁義之道得其道則歡樂也小人所歡樂在於邪淫得邪淫則歡樂也若君子在上以仁義之道制邪淫之欲則意得歡樂而不有昏亂也若小人在上以淫邪之欲忘仁義之道則志意迷惑而

不得歡樂也○是故君子反情以和其志廣樂以成其教樂行而民鄉方可以觀德矣方猶道也。鄉許亮反德者性之端也樂者德之華也金石絲竹樂之器也詩言其志也歌詠其聲也舞動其容也三者本於心然後樂器從之是故情深而文明氣盛而化神和順積中而英華發外唯樂不可以爲僞三者本志也聲也容也言無此本於內則不能爲樂也。詩言其志一本無言字。咏音詠〔疏〕是故至爲僞。正義曰前文明君子小人歡樂不同此明君子敦行善樂也。反情以和其志者反巳淫欲之情以諧和德義之志也。廣樂以成其教者謂寬廣樂之義理以成就其政教之事也。樂行而民鄉方者君旣如此正樂興行方猶道也而民歸鄉仁義之道也可以觀德矣者人君旣如此是樂可以觀其德行矣。德者性之端也者言德行者是性之端正也。樂者德之華也者德在於內樂在於外樂所以發揚其德故樂爲德之光華也。金石絲竹樂之器也者樂爲德華非器無以成樂故金石絲竹爲樂之器也。詩言其志也者欲見樂之爲體有此三事詩謂言詞也志在內以言詞言說其志也。歌咏其聲也者歌謂音曲所以歌咏其言詞之聲也。舞動其容也者哀樂在內必形見於外故以其舞振動其容也此云詩言其志則詩序云詩者志之所之也歌咏其聲則詩序云言之不足故嗟歎之嗟歎之不足故咏歌之是也舞動其容則詩序云咏歌之不足則不知手之舞之足之蹈之是也。三者本於心然後樂氣從之者三者謂志也聲也容也容從聲生聲從志起志從心發三者相因原本從心而來故云本於心先心而後志先志而後聲先聲而後舞聲須合於宫商舞須應於節奏乃成於樂是故然後樂氣從之也。是故情深而文明者志起於內思慮深遠是情深也言之於外情由言顯是文明也。氣盛而化神者志意蘊積於中故氣盛內志既盛則外感動於物故變化神通也氣盛謂不知手之舞之足之蹈之是也而化神者謂動天地感鬼神經夫婦成孝敬是也。和順積中而英華發外者謂思念善事日久是和順積於心中言詞聲音發見於外是英華發於身外此據正樂也若其姦聲則悖逆積中淫聲發外也唯樂不可以爲僞者僞謂虛僞若善事積於中則善聲見於外若惡事積於中則惡聲見於外若心惡而望聲之善不可得也故云唯樂不可以爲僞也○樂者心之動也聲者樂之象也文采節奏聲之飾也君子動其本○樂其象然後治其飾是故先鼓以警戒三步以見方再始以著往復亂以飭歸奮疾而不拔極幽而不隱獨樂其志不厭其道備舉其道不私其欲是故情見而義立樂終而德尊君子以好善小人以聽過故曰生民之道樂爲大焉文采樂之威儀也先鼓將奏樂先擊鼓以警戒衆也三步謂將舞必先三舉足以見其舞之漸也再始以著往武王除喪至盟津之上紂未可伐還歸二年乃遂伐之武舞再更始以明伐時再往也復亂以飭歸謂鳴鐃而退

明以整歸也奮疾謂舞者也極幽謂歌者也。警音景見方賢遍反下及注皆同著張慮反注同復音伏飭音勑注同拔步葛反又皮八反獨樂皇音洛庾音嶽厭於豔反好呼報反以聽過本或作以聖過如字鐃女交反〔疏〕樂者至大焉。正義曰前經論志也聲也容也三者相將故此經廣明舞之義理與聲音相應之事。樂者心之動也者心動而見聲聲成而爲樂樂由心動而成故云樂者心之動也。聲者樂之象也者樂本無體由聲而見是聲爲樂之形象也。文采節奏聲之飾也者聲無曲折則太質素故以文采節奏而飾之使美故云文采節奏聲之飾也。君子動其本者則亦心之動也。樂其象者則亦樂之象也。然後治其飾者則亦聲之飾也以此三者結上三事自此以下記者引周之大武之樂以明此三者之義。是故先鼓以警戒者謂作武王伐紂大武之樂欲奏之時先擊打其鼓聲以警戒於衆也。三步以見方者謂欲舞之時必先行三步以見方謂方將欲舞積漸之意也。再始以著往者謂作大武之樂每曲一終而更發始爲之凡再更發始以著明往伐紂之時初發始爲曲象十一年往觀兵於盟津也再度發始爲曲象十三年往伐紂也。復亂以飭歸者亂治也復謂舞曲終舞者復其行位而整治象武王伐紂既畢整飭師旅而還歸也。奮疾而不拔者拔疾也謂舞者奮迅疾速而不至大疾也故庾云舞者雖貴於疾亦不失節謂不大疾也。極幽而不隱者謂歌者坐歌不動是極幽靜而聲發起是不隱也。獨樂其志不厭其道者樂其志者多違道理言武王今獨能樂其志意不違厭其仁義之道理也恒以道自將。備舉其道不私其欲者武王既不違厭其道理能備具舉行仁義之道以利天下不私自恣己之情欲也。是故情見而義立者情見謂武王伐紂之情見於樂也義立謂伐紂之義而興立。樂終而德尊者謂觀武王伐紂樂終而知武王道德尊盛也。君子以好善者謂在位尊者既觀武王之樂德類如此故庶幾好行善道也小人以聽過者小人謂士庶之等既觀武王樂音以聽伏己之愆過也。故曰生民之道樂爲大焉者記者既引大武之樂利益如此是生養民人之道樂最爲大此特引武王樂者以武王之樂利益爲深餘樂莫能及故也但前文舞與聲心相應故引武王樂明心見於舞也。注文采至者也

。正義曰上文云省其文采謂節奏今此文采謂樂威儀者以經云聲之飾故此以文采爲威儀也云武王除喪至盟津之上紂未可伐還歸二年乃遂伐之者並出今文泰誓鄭攝而用之非正文也云復亂以飭歸。鳴鐃而退明以整歸也者經云復亂鄭云整歸則亂爲治也謂反復整治而還鳴鐃而

退出大司馬職文也云奮疾謂舞者也者以奮迅速疾故爲舞者謂武舞者云極幽謂歌者也者以極幽與奮疾相對歌與舞相次以歌者不動經稱極幽故知是歌者也○樂也者施也禮也者報也言樂出而不反而禮有往來也○施始豉反樂樂其所自生而禮反其所自始樂章德禮報情反始也自由也【疏】樂也至始也○正義曰此明禮樂之別報施不同○樂也者施也者言作樂之時衆庶皆聽之而無反報之意但有恩施而已故云樂也者施也○禮也者報也者禮尚往來受人禮事必當報之也故曲禮云往而不來非禮故云禮也者報也樂樂其所自生者此廣明上樂者施也自由也言王者正樂歡樂其已之所由生似若武王民樂其武德武王由武功而生王業即以武爲樂名以受施處立名無報反之義也○而禮反其所自始者言王者制禮必追反其所由始祖若周由后稷爲始祖即追祭后稷報其王業之由是禮有報也○樂章德者覆説樂者施也言樂但施恩而已不望其報是樂章明其盛德也○禮報情反始也者此覆説上禮者報也言行禮者他人有恩於巳巳則報其情但先祖既爲始於子孫子孫則

反報其初始以入竟言之則謂之報情以父祖子孫言之則謂之反始其實一也○所謂大輅者天子之車也龍旂九旒天子之旌也青黑緣者天子之寶龜也從之以牛羊之羣則所以贈諸侯也贈諸侯謂來朝將去既之以禮○流本又作旒音流緣悅絹反朝直遙反

疏所謂至侯也○正義曰前經明樂者為施禮者為報此明禮報之事諸侯守土奉其土地所有來朝天子故天子以此等之物報之是禮報之事也不覆明樂施者以樂施之恩其事易知記者畧而不言也○大輅者天子之車也者大輅謂金輅也據上公及同姓侯伯故下云龍旂九旒亦上公也若異姓則象輅若四衛則革輅蕃國則木輅受於天子摠謂之大輅也○龍旂九旒天子之旌也者據上公言之侯伯則七旒子男則五旒○青黑緣者天子之寶龜也者寶龜之中並以青黑為之緣○從之以牛羊之羣者天子既與大輅龍旂及寶龜占兆又隨從以牛羊非一故稱羣將此以與諸侯故云則所以贈諸侯也

○樂也者情之不可變者也禮也者

理之不可易者也理猶事也樂統同禮辨異統同同和合也辨異異尊卑也禮樂之說管乎人情矣管猶包也〔疏〕樂也至情矣○正義曰皇氏云自此以下名爲樂情各隨文解之樂也者情之不可變者也樂出於心聽之則歡悅是情之不可變也○禮也者理之不可易者也禮見於貌行之則恭敬理事也言事之不可改易也樂出於心故云情禮在於貌故云理也變易換文也樂統同者統領也言樂主相親是主領其同○禮辨異者辨別也禮殊別貴賤是分別其異也○禮樂之說管乎人情矣者言禮樂所說義理包管於人情樂主和同則遠近皆合禮主恭敬則貴賤有序人情所懷不過於此是管人情也○窮本知變樂之情也著誠去僞禮之經也禮樂偩天地之情達神明之德降興上下之神而凝是精粗之體領父子君臣之節偩猶依象也降下也興猶出也凝成也精粗謂萬物大小也領猶理治也○去起呂反偩音負粗七奴反〔疏〕窮本至之節○正義曰此一節

更廣明禮樂之義言父子君臣之節○窮本知變樂之情也者以樂本出於人心心哀則哀心樂則樂是可以原窮極本也若心惡不可變惡爲善是知變也則上文云唯樂不可以爲僞是也此言窮人根本知內外改變唯樂能然故云樂之情也○著誠去僞禮之經也者誠謂誠信也僞謂虛詐也經常也言顯著誠信退去詐僞是禮之常也若人內心虛詐則外貌散狠唯禮知之故云禮之經也○禮樂偩天地之情者偩猶依象也禮出於地尊卑有序是偩依地之情也樂出於天遠近和合是偩依天之情也○達神明之德者禮樂出於人心與神明和會故云達神明之德○降興上下之神者興猶出也禮樂既與天地相合用之以祭故能降出上下之神謂降上而出下也○而凝是精粗之體者凝猶成也是謂正也精粗謂萬物大小也言禮樂之能成就正其萬物大小之形體也○領父子君臣之節者領猶理治也言禮樂理治父子君臣之限節而樂主於和聽之則上下相親又宮爲君商爲臣是樂能領父子君臣也禮定貴賤長幼是禮能領父子君臣也

○是故大人舉禮樂則天地將爲昭焉言天地將爲之昭焉明也

天地訢合陰陽相得煦嫗覆育萬物

然後草木茂區萌達羽翼奮角觡生蟄蟲昭
蘇羽者嫗伏毛者孕鬻胎生者不殰而卵生
者不殈則樂之道歸焉耳訢讀爲熹熹猶蒸也氣曰煦體曰嫗屈生曰區無腮
曰觡昭曉也蟄蟲以發出爲曉更息曰蘇孕任也鬻生也內
敗曰殰殈裂也今齊人語有殈者○訢依注音熹許其反一
讀依字音欣煦許具反徐況甫反嫗於具反徐於甫反下及
注同區依注音句古侯反徐巨于反一音烏侯反萌莫耕反
奮方問反觡古伯反蟄直力反伏扶又反孕以證反鬻音育
生也徐又扶袁反胎他才反殰音獨鄭云內敗曰殰按謂懷
任不成也字林云胎敗卵力管反殈呼闃反范音謚徐況逼
反一音況狄反卵拆不成曰殈猶裂也蒸之膺反腮息才反
內乃對反或作骨肉之字者誤

疏

是故至焉耳○正義曰此一節論大人舉用禮樂則天地協和而生養萬物爲
之昭著之事則下文天地訢合以下是也但此經禮樂並論
其天地訢合唯論樂之所感不論禮之功用也記者主在於
樂故特美樂功樂功既爾禮亦同也○天地訢合者訢猶熹
也熹謂蒸動言樂感動天地之氣是使二氣蒸動則天氣下

降地氣上騰○陰陽相得者言體謂之天地言氣謂之陰陽天地動作則是陰陽相得也煦嫗覆育萬物者天以氣煦之地以形嫗之是天煦覆而地嫗育故言煦嫗覆育萬物也然後草木茂者草木據其成體故云茂○區萌達者據其新生故云達也○羽翼奮者謂飛鳥之屬皆得奮動也○角觡生者謂走獸之屬悉皆生養也○蟄蟲昭蘇者昭曉也蘇息也言蟄伏之蟲皆得昭曉蘇息也○羽者嫗伏者謂飛鳥之屬皆得體伏而生子也○毛者孕鬻者言走獸之屬以氣孕鬻而繁息也○胎生者不殰者謂不有殰敗也○卵生者不殈者言不有殈裂也○則樂之道歸焉耳者言所以致此在上諸物各順其性由此樂道使然故云樂之道歸焉耳謂歸功於樂也樂道所以然者樂之根本由人心而生人心調和則樂音純善協律呂之體調陰陽之氣二氣既調故萬物得所也○注訢讀至裂也○正義曰訢熹聲相近故讀爲熹熹天地氣故云熹猶蒸也言天地氣之蒸動猶若人之喜也云氣曰煦者謂天體無形而降其氣以養物故云氣曰煦也云體曰嫗者言地體有形故云體曰嫗也此對文爾其實地氣矣云屈生曰區者謂鉤曲而生出菽豆是也云無䚡曰觡者䚡謂角外皮滑澤者鹿角之屬是也云蟄蟲以發出爲曉更息曰蘇者言蟄蟲之類皆理藏其體近於死今復得活似暗而

遇曉死而更息也云內敗曰殰者以經云胎生懷胎在內故云內敗也殰也云殈裂也者卵體多裂又齊語稱裂爲殈故以殈爲裂也○樂者非謂黃鐘大呂弦歌干揚也樂之末節也故童者舞之鋪筵席陳尊俎列籩豆以升降爲禮者禮之末節也故有司掌之言禮樂之本由人君也禮本著誠去僞樂本窮本知變○鋪普胡反又音敷去起呂反樂師辨乎聲詩故北面而弦宗祝辨乎宗廟之禮故後尸商祝辨乎喪禮故後主人辨猶別也正也弦謂鼓琴瑟也後尸居後贊禮儀此言知本者尊知末者卑是故德成而上藝成而下行成而先事成而後德三德也行三行也藝才技也先謂位在上也後謂位在下也○上如字或時掌反行下孟反注同技其綺反是故先王有上有下有先有後然

後可以有制於天下也言尊卑備乃可制作以爲治法○治直吏反〔疏〕樂者至下也○正義曰此一節明禮樂各有根本本貴而末賤君子能辨其本末可以有制於天下黃鍾大呂弦歌干揚也樂之末節也者此等之物唯是樂器播揚樂聲非樂之本故云樂之末節其本在於人君之德窮本知變是也故云樂之末節也故童者舞之皇氏云揚舉也干揚舉干以舞也○鋪筵席陳尊俎列籩豆以升降爲禮者禮之末節也者此等物所以飾禮故云禮之末節其本在於人君著誠去僞恭敬節儉以末節非貴故有司掌之○樂師辨乎聲詩故北面而弦者此明知禮樂末者其位處卑即樂師以辨曉聲詩但知樂之末節故北面而鼓弦言其位處卑也○宗祝辨乎宗廟之禮故後尸者宗謂宗人祝謂大祝但辨曉於宗廟詔相之禮故在尸後也○商祝辨乎喪禮故後主人者商祝謂習商禮而爲祝者但辨曉死喪擯相之禮故後主人謂在主人之後言此宗祝商祝但知禮之末節故在尸與主人後言其位處卑賤也是故德成而上者則人君及主人之屬是也以道德成就故在上也○藝成而下者言樂師商祝之等藝術成就而在下也○行成而先者行成則德成矣言德在內而行在外也○事成而後者事成則藝成矣在身謂之藝所爲謂

之事○是故至天下也者人有多少品類故先王因其先後使尊卑得分然後乃可制禮作樂爲法以班天下如周公六年乃制禮樂也

○魏文侯問於子夏曰吾端冕而聽古樂則唯恐臥聽鄭衛之音則不知倦敢問古樂之如彼何也新樂之如此何也

魏文侯晉大夫畢萬之後僭諸侯者也端玄衣也古樂先王之正樂也

【疏】魏文至何也○正義曰自此以下至有所合之也明魏文侯問古樂今樂之異并子夏之荅辨明古樂今樂之殊各隨文解之○吾端冕而聽古樂則唯恐臥者文侯言身著端冕明其心恭敬而聽古樂唯恐臥聽鄭衛之音則心所愛樂不知休倦也○敢問古樂之如彼何也者言古樂何以朴素之如彼使人不貪至於臥也○新樂之如此何也者新樂何以婉美使人嗜愛志樂不知其倦也○注魏文至衣也○正義曰云魏文侯畢萬之後僭諸侯者也者按春秋閔元年晉獻公滅魏以魏賜畢萬按世本云萬生芒芒生季季生武仲州州生莊子降降生獻子荼荼生簡子取取生襄子多多生桓子駒駒生文侯斯是畢萬之後也云端玄衣也者謂玄冕也凡冕

服皆其制正幅袂二尺二寸袪尺二寸故稱端也 子夏對曰今夫古樂進旅退旅和正以廣弦匏笙簧會守拊鼓始奏以文復亂以武治亂以相訊疾以雅君子於是語於是道古脩身及家平均天下此古樂之發也 旅猶俱也俱進俱退言其齊一也和正以廣無姦聲也會猶合也皆也言衆皆待擊鼓乃作周禮大師職曰大祭祀帥瞽登歌合奏擊拊下管播樂器合奏鼓朄文謂鼓也武謂金也相即拊也亦以節樂拊者以韋爲表裝之以糠糠一名相因以名焉今齊人或謂糠爲相雅亦樂器名也狀如漆筩中有椎○夫音扶下同廣如字舊古曠反匏白交反笙音生簧音黄拊音撫注同復音伏相息亮反注同即拊也以韋爲之實之以糠王云輔相也徐思章反訊音信大師音泰播彼佐反朄音胤糠音康漆音七筩音勇椎直追反【疏】子夏至發也○正義曰此一經明子夏對文侯古樂之體也古樂謂古者先王正樂也○進旅退旅者旅謂俱齊言古樂進則俱齊退亦俱齊進退如一不參差也和正以廣

者樂音相和正以寬廣無姦聲也○弦匏笙簧會守拊鼓者言弦也匏也笙也簧也其器雖多必會合保守待擊拊鼓然後作也故曰會守拊鼓始奏以文者文謂鼓也言始奏樂之時先擊鼓前文云先鼓以警戒是也○復亂以武者武謂金鐃也言舞畢反復亂理欲退之時擊金鐃而退故云復亂以武也○治亂以相者相即拊也所以輔相於樂故謂拊爲相也亂理也言治理奏樂之時先擊相故云治亂以相○訊疾以雅者雅謂樂器名舞者訊疾奏此雅器以節之故云訊疾以雅君子於是語者謂君子於此之時語說樂之義理也○於是道古者言君子作樂之時亦謂說古樂之道理也○脩身及家平均天下者言君子既聞古樂近脩其身次及其家然後平均天下也○此古樂之發也者言此上來諸事古樂之發動也○注旅猶至有椎○正義曰云旅猶俱也者旅衆也經云進旅退旅是衆俱進退故云俱也云和正以廣無姦聲也者謂邪淫要妙煩手淫聲曲折切急今經云和正以廣故云無姦聲也云言衆皆待擊鼓乃作者衆謂弦匏笙簧衆器皆待擊鼓乃始動作解經會守拊鼓言會守謂器之聲也以待拊鼓也經有拊及鼓鄭直云擊鼓乃作者拊即鼓之類言擊鼓必擊拊也引周禮大師職者證擊拊也故大師職云大祭祀師瞽登歌謂大師領人登堂而唱歌也云合奏擊拊

者謂大師合奏樂之時則先擊拊而合奏之也云下管播樂器合奏鼓𣫍者謂大祭祀堂下諸人吹管播揚樂器之聲大師合奏之時先擊𣫍而合奏言𣫍謂小鼓在大鼓之下引是大師登歌合奏之時親擊拊而以合下管合奏時親擊𣫍以奏之云文謂鼓也武謂金也者金屬西方可以爲兵刃故金爲武鼓主發動象春春無兵器之用故鼓爲文也云相即拊也者前文旣云拊故知相即拊鄭必知相爲拊者按書傳云以韋爲鼓謂之搏拊白虎通引尚書大傳拊革著以穅鄭以此知也今書傳無著穅之文謂齊人以穅爲相故知穅爲相郞云拊也云雅亦器名也狀如漆筩中有椎者按周禮笙師職云掌舂牘應雅鄭司農云雅狀如漆筩而弇口大二圍長五尺六寸以羊韋鞔之有兩紐疏畫並以漢時制度而知也

附釋音禮記注疏卷第三十八

盧宣旬校

清嘉慶二十年重栞宋本十三經注疏附校勘記

江西南昌府學栞

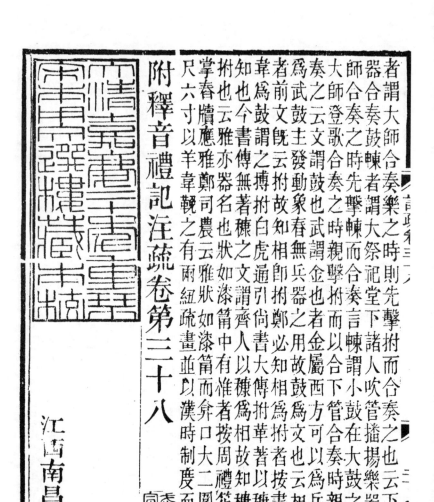

禮記注疏卷三十八挍勘記　阮元撰盧宣旬摘録

附釋音禮記注疏卷第三十八惠棟挍宋本禮記正義卷第四十八

樂記

昔者舜作節

昔者至諸侯惠棟挍宋本無此五字

此南風歌辭未得聞也閩監本同毛本聞誤見

故天子之爲樂也節

五穀時熟閩監毛本同石經熟作孰宋監本惠棟挍宋本岳本嘉靖本衞氏集說同石經考文提要云宋大字本宋本九經南宋巾箱本余仁仲本亦並作孰

其舞行綴遠史記綴作級下綴短同

故天至綴短　惠棟挍宋本無此五字

故觀至行也〇正義曰　惠棟挍宋本無此九字

大章章之也節

韶繼也　各本同毛本韶誤紹

周禮曰大濩大武　閩監毛本同岳本同嘉靖本同衛氏集說同惠棟挍本大濩上增殷曰二字大武上增周曰二字盧文弨云惠棟本依史記集解增

大章至盡矣　惠棟挍宋本無此五字

皇帝曰咸池故知咸是黃帝樂名　閩監毛本同惠棟挍宋本皇作黃知咸下有池字

按五行鉤命決云伏犧樂爲立基神農樂爲下謀祝融

樂爲祝續 閩監毛本同齊召南云按鈎命決孝經緯也周禮大司樂疏亦引此作孝經緯云此文五行二字誤也又祝續賈疏作屬讀下同

案司樂注云 按司字上當有大字

故曰擭救世 閩本同惠棟挍宋本同監毛本世作也

天地之道節

不節則無功是也 惠棟挍宋本不上有事字衛氏集說同此本脫閩監毛本同

夫豢豕爲酒節

百拜以喻多 各本同盧文弨云足利古本多下有也字史記集解同

夫豢至教焉 惠棟挍宋本無此五字

由其生禍 惠棟挍宋本同閩本生字漶滅監毛本生誤主

言樂體者聖人心所愛樂也閩監本同毛本體誤禮

是壹獻無百拜閩監毛本同惠棟挍宋本獻下有也字

夫民有血氣節

廉直勁正史記作經正集解引孫炎云經法也索隱云今禮本作勁

嘽寛也諧和也監本同毛本嘽字闕閩本漶滅

是故先王本之情性節

省猶審也史記注引審下有習之二字

律小大之稱史記作類小大索隱云今禮作律

黃鍾爲宮閩本同岳本同嘉靖本同衛氏集說同監毛本鍾作鐘下應鍾同

君爲宮閩監本作宮爲君岳本同嘉靖本同衛氏集說同此本誤倒毛本宮誤言

是故至深矣　惠棟挍宋本無此五字

學者習音樂　閩監毛本同惠棟挍宋本無者字

土敝則草木不長節

而滅平和之德　閩監毛本同石經同岳本同嘉靖本同衞氏集說同惠棟挍宋本無而字陳澔集說同石經考文提要云宋大字本宋本九經南宋巾箱本余仁仲本劉叔剛本並有而字○按史記有而字

土敝至之也　惠棟挍宋本無此五字

凡姦聲感人節　惠棟云凡姦節然後發以聲節故曰樂節是故君子節樂者節樂也者節所謂大畧節宋本合爲一節

謂人樂習焉　各本同盧文弨云足利古本焉作也史記集解作之也

凡姦至其義　惠棟挍宋本無此五字

耳目口鼻想知慮百事之體惠棟挍宋本想上有心字此本脫閩監毛本有心字

脫想字

然後發以聲音節

淸明者芒也閩監毛本同浦鏜云芒上脫淸字

言陰陽未合化矣惠棟挍宋本作陰陽此本誤陰陰閩監毛本誤陰氣

百度謂晝夜百刻閩監毛本同惠棟挍宋本無上百字

即還相爲宮是樂之常也閩監毛本同考文引宋板無相字

變移敝惡讙風閩監毛本同考文云宋板讙作之衞氏集說同

故曰樂者節

欲謂邪淫也閩監本同岳本同嘉靖本同考文引宋本古本足利本同毛本淫誤辟衞氏集說邪淫二

字倒

故曰至不樂惠棟按宋本無此五字

以邪淫之欲惠棟按宋本作邪淫此本邪淫二字倒閩監毛本同

是故君子反情節

廣樂以成其教閩監毛本同岳本同嘉靖本同衞氏集說同石經成其二字剜刻無其字

歌詠其聲也閩監毛本同衞氏集說同石經詠作咏宋監本岳本嘉靖本同釋文出歌咏云音詠

然後樂器從之閩監毛本同惠棟按宋本器作氣宋監本岳本嘉靖本同衞氏集說同石經氣字剝闕史記亦作氣不誤

唯樂不可以爲僞閩監毛本同石經同岳本同嘉靖本同衞氏集說同坊本唯作惟石經考文提要云宋大字本宋本九經南宋巾箱本余仁仲本劉叔剛本並作唯

是故至爲僞　惠棟挍宋本無此五字

此明君子敦行善樂也　閩監毛本同惠棟挍宋本明作乃

詩謂言詞也　閩監毛本同考文云宋板詞作辭衛氏集說亦作辭

志在内以言詞言說其志也　閩監本同惠棟挍宋本在下有於字内下有故字詞作辭下同毛本無於字及說上言字

歌咏其聲也者　閩監毛本咏作詠下咏字並同

然後樂氣從之者　惠棟挍宋本同閩監毛本氣誤器下然後樂氣從之也同

故變化神通也　閩監本同衛氏集說同毛本神通作通神

是和順積於心中　閩監毛本同衛氏集說亦作於惠棟挍宋本於作在

樂者心之動也節

君子動其本〇樂其象〔補〕案。誤

以明伐時再往也史記集解引伐下有紂字

與聲音相應之事惠棟挍宋本作應衞氏集說同此本應誤續閩監毛本同

謂伐紂之義而與立閩監毛本同浦鏜挍而與立改與立也從衞氏集說

云復亂以飭歸鳴鐃而退閩監毛本同惠棟挍宋本鳴上有謂字

樂也者施也節

樂也至始也閩監毛本同惠棟挍宋本始作報

以人竟言之閩監本同毛本竟作意衞氏集說同惠棟挍宋本亦作意

所謂大輅者節

龍旂九旒各本同石經同釋文出九流云本又作旒。按旒俗流字

既之以禮閩本同惠棟挍宋本既作送宋監本岳本嘉靖本同考文引古本足利本同監毛本送作報衛氏集說同按史記集解引作送

寶龜之中並以青黑爲之緣閩監毛本同衞氏集說亦作中段玉裁中改甲按公羊定八年傳龜青純何休云謂緣甲頿也緣在於甲此中字作甲是也

天子既與大輅龍旂閩監毛本同惠棟挍宋本與下有之字衞氏集說同

樂也者節惠棟云樂也者節窮本知變節是故大人節樂者節宋本合爲一節

管乎人情矣史記管作貫張氏正義云貫猶通也與鄭注異

樂也至情矣惠棟挍宋本無此五字

情之不可變者也樂出於心閩監本同惠棟挍宋本毛本者也二字倒

是主領其同閩監毛本同衞氏集說主作統

是分別其異也 閩監本同毛本異誤義衛氏集說亦作異

窮本知變節

凝成也 各本同盧文弨云足利古本成上有猶字史記集解同按正義亦云凝猶成也

禮樂出於人心 閩監毛本同衛氏集說同惠棟挍宋本於作在

是故大人節

言天地將爲之昭焉明也 閩監毛本同衛氏集說同惠棟挍宋本焉作然宋監本岳本嘉靖本同考文引古本足利本同

毛者孕鬻 各本同石經同釋文鬻作粥○按鬻爲育之假借字粥又鬻之譌字

熹猶蒸也 監本毛本作蒸惠棟挍宋本作烝也正義同

殈裂也 各本同盧文弨云足利古本裂上有猶字史記集解同

是使二氣蒸動　監本毛本作蒸惠棟挍宋本作烝

天以氣煦之　閩監毛本同衛氏集說同惠棟挍宋本氣上有地字

猶若人之喜也　閩本同惠棟挍宋本同監毛本喜作熹

樂者非謂節

黃鐘大呂　監毛本同石經同岳本同閩本鐘作鍾嘉靖本同衛氏集說同

弦歌干揚也　各本同毛本干誤于。按此句之下史記集解有鄭注揚鉞也三字諸本皆脫

後尸居後贊禮儀　按此句之上史記集解有商祝習商禮者商人教以敬於接人十四字此恐是取諸士喪禮注中補入者

魏文侯節

明其心恭敬　閩監毛本同惠棟挍宋本其作在

子夏對曰節

訊疾以雅 各本同石經訊作誶釋文同

脩身及家 閩監本同石經同岳本同衛氏集說同毛本脩作修嘉靖本同

帥瞽登歌 惠棟挍宋本宋監本岳本嘉靖本並作帥與周禮合衛氏集說同閩監毛本帥誤師

狀如漆筩 各本同釋文筩作甬

子夏至發也 惠棟挍宋本無此五字

以待拊鼓也 惠棟挍宋本同閩本漶滅監毛本拊誤擊

師瞽登歌謂大師 惠棟挍宋本師作帥此本誤閩監毛本同

鼓主發動象春無兵器之用 惠棟挍宋本作象春此本春字同象誤衆閩監毛本象春誤衆音衛氏集說同

禮記注疏卷三十八挍勘記

附釋音禮記注疏卷第三十九

禮記　鄭氏注　孔穎達疏

樂記

今夫新樂，進俯退俯，姦聲以濫，溺而不止，及優侏儒，獶雜子女，不知父子。樂終不可以語，不可以道古。此新樂之發也。俯猶曲也，言不齊一也。濫，濫竊也。溺而不止，聲淫亂無以治之。獶，獼猴也。言舞者如獼猴戲也，亂男女之尊卑。獶或爲優。○俯本又作府。濫，力暫反。溺，乃狄反。優音憂。侏音朱。儒音儒。獶，乃力反，獼猴也，依字亦作猱。獼音彌，武移反，本亦作彌。猴音侯，本亦作侯。

【疏】今夫至發也。○此經明子夏對文侯新樂之禮。新樂者，謂今世所作淫樂也。進俯退俯者，謂俯僂曲折，不能進退齊一，俱曲屈進退而已，行伍雜亂也。○姦聲以濫者，謂濫竊不正，言姦邪之聲濫竊不正，不能和正以廣也。○溺而不止者，聲既淫妙，人所貪溺不可禁止也不能始奏以文復亂以武也○及優侏儒獶雜子女者言作樂之時及有俳優雜戲侏儒短小之人獶雜謂獼猴也言舞戲之時狀如獼猴閒雜男子婦人言似獼猴男女無別也○不知父子者言樂之混雜不復知有父子尊卑之禮也○樂終不可以語者言作樂雖復終畢盡皆邪辟不可以語既與古樂乖違故不可語道於古也此皆新樂之爲故云此新樂之發也○注獶獼猴也○正義曰按詩小雅云毋教猱升木毛傳云猱猨屬也是獶獼猴也漢書擅長卿爲獼猴舞是狀如獼猴

今君之所問者樂也所好者音也夫樂者與音相近而不同言文侯好音而不知樂也鏗鏘之類皆爲音應律乃爲樂○好呼報反注同近附近之近徐如字鏗苦耕反鏘七羊反又士衡反

文侯曰敢問何如欲知音樂異意

疏今君至何如○前兩經子夏既荅文侯論古樂新樂之異事畢此經荅文侯所好古樂今樂之不同也文侯之意古樂今樂並皆爲樂子夏之意以古樂德正聲和乃爲樂今樂但淫聲音曲而已不得爲樂也故云今君之所問者樂也謂古今皆名樂所好者音也子夏之意君之所愛者謂音聲也○夫樂者與音相近而不同者古樂有

音聲律呂今樂亦有音聲律呂是樂與音相近也樂則德正聲和音則心邪聲亂是不同也○文侯曰敢問何如者文侯既見子夏論樂音不同不曉不同之狀故云敢問何如子夏對曰夫古者天地順而四時當民有德而五穀昌疾疢不作而無妖祥此之謂大當然後聖人作爲父子君臣以爲紀綱紀綱既正天下大定天下大定然後正六律和五聲弦歌詩頌此之謂德音德音之謂樂當謂樂不失其所○當丁浪反下及注同疢勑覲反詩云莫其德音其德克明克明克類克長克君王此大邦克順克俾俾于文王其德靡悔既受帝祉施于孫子此之謂也此有德之音所謂樂也德正應和曰莫照臨四方曰明勤施無私曰

類教誨不倦曰長慶賞刑威曰君慈和徧服曰順俾當爲比
聲之誤也擇善從之曰比施延也言文王之德皆能如此故
受天福延於後世也○莫亡伯反長丁丈反注同王此于做
反俾依注音比必履反注同徐扶志反祉勑紀反施以豉反
注施延同和如字又胡卧反炤上音照
本亦作照臨如字施始豉反徧音遍
疏 子夏至謂也○此一節明子夏
與文侯明古樂之正引詩以結之此之謂大當者當謂不失
其所如上所謂是大得其所當也作爲父子君臣以爲紀綱
者按禮緯含文嘉云三綱謂君爲臣綱父爲子綱夫爲妻綱
矣六紀謂諸父有善諸舅有義族人有敘昆弟有親師長有
尊朋友有舊是六紀也○弦歌詩頌者謂以琴瑟之弦歌此
詩頌也○詩云莫其德音此大雅皇矣之篇美王季之德云
維此王季帝度其心莫然而靖定其道德之音以道德既正
天下應和所以莫然而靖也其德克明者以其莫然而靖故
其德能照臨天下之明也○克明克類者類謂勤施無私施
惠勤勞不私於己外及等類以明能然故云克明克類也○
克長克君者克長謂教誨不倦能爲人師長克君謂慶賞刑
威能與人作君教化故云克長克君也王此大邦克順克俾
者俾當爲比謂比方善事擇善而從之既能慈和徧服又能
擇善從之故云克順克俾○俾于文王其德靡悔者詩美王

季之德比擬文王其王季之德無可恥悔言堪比文王也左傳引此詩唯此文王所以為文王之德言比於文王其德靡悔者謂此校文王之德事事皆美無可悔恨也是左傳與詩文互意別也既受帝祉施於孫子者詩云王季既受天福祉以遺子孫子孫有天下也左傳云文王既受帝祉以遺後世子孫○此之謂也者言詩云德音則此經之所謂也○注德正應和曰莫○正義曰以下皆昭二十八年左傳文也

今君之所好者其溺音乎言無文王之德則所好非樂也文侯曰敢問溺音何從出也玩習之久不知所由出也○玩又作翫音五換反

〔疏〕今君至出也○上既云君之所好音有善惡故上云治世之音亂世之音今君之所好者非正音是淫溺之音乎不敢指斥故言乎而疑之也○文侯曰敢問溺音何從出也者文侯既聞子夏之言善遂問溺音所出之由

子夏對曰鄭音好濫淫志宋音燕女溺志衛音趨數煩志齊音敖辟喬志

此四者皆淫於色而害於德是以祭祀弗用

也言四國皆出此溺音濫濫竊姦聲也燕安也春秋傳曰懷
與安實敗名趨數讀爲促速聲之誤也煩勞也祭祀者不
用淫樂○燕於見反趨音促數音速傲字又作敖同五報
反辟匹亦反徐芳益反喬徐音驕本或作驕敗必邁反 疏
子夏至用也○此一節子夏爲文侯明溺音所出也○鄭音
好濫淫志者濫竊也謂男女相偷竊言鄭國樂音好濫相偷
竊是淫邪之志也○宋音燕女溺志者燕安也溺没也言宋
音所安唯女子所以使人意志没矣即前溺而不止是也○
衛音趨數煩志者言衛音既促且速所以使人意志煩勞也
齊音敖辟喬志者言齊音既敖很辟越所以使人意志驕逸
也此四者皆淫於色而害於德是以祭祀弗用也者既淫色
害德故不用祭祀也○注言四至敗名○正義曰經云鄭音
好濫宋音燕女其事是一而爲別音者濫竊非已儔匹別相
淫竊燕女謂已之妻妾燕安而已所以別好濫也上云鄭衛
之音則鄭衛亦淫聲也又此云四者皆淫於色是衛與齊皆
有淫聲也而經唯云衛音趨數煩志齊音敖辟喬志都不云
女色者按詩有桑中淇上是淫佚可知則淫佚之外更有促
速敖辟推此而言齊詩有哀公荒淫怠慢襄公淫於妹亦女
色之外加以傲辟驕志也故總謂之溺音也○注春秋傳曰
懷與安實敗名者僖二十三年左氏之文齊女姜氏勸重耳

出奔也詩云肅雍和鳴先祖是聽夫肅肅敬也雍雍和也夫敬以和何事不行言古樂敬且和故無事而不用溺音無所施〔疏〕詩云至不行○此一節子夏重爲文侯明正樂敬和之事所以勸勵文侯用古樂也此詩周頌有瞽之篇肅敬也雍和也言樂音敬和而鳴先祖之神聽而從之若能敬和施設於政教何事不行也爲人君者謹其所好惡而已矣君好之則臣爲之上行之則民從之詩云誘民孔易此之謂也誘進也孔甚也言民從君所好惡進之於善無難○易以豉反〔疏〕爲人至謂也○此經明子夏既勸文侯所好古樂又謹慎行之以此化民無不從也引詩云誘民孔易者此厲王大雅板之篇也誘進也孔甚也言在上教道於民甚易也但已行於上則民化之於下詩之所云則此之謂也○注誘進也孔甚也○正義曰誘進也釋詁文孔甚也釋言文也然後聖人作爲鞉鼓椌楬壎篪此六者德音之

音也六者爲本以其聲質也椌楬謂柷敔也壎篪或爲簨虡○鞉音桃椌苦江反柷也楬苦瞎反敔也壎許表反篪直支反柷昌六反圉本又作敔魚呂反簨恤尹反虡音巨然後鍾磬竽瑟以和之干戚旄狄以舞之此所以祭先王之廟也所以獻酬酳酢也所以官序貴賤各得其宜也所以示後世有尊卑長幼之序也官序貴賤謂尊卑樂器列數有差次○竽音于和如字徐胡卧反酬市由反酳音胤又仕覲反酢音昨長丁丈反

〔疏〕然後至序也○正義曰上經言人君謹慎所好惡以誘人故此一節論聖人作爲樂器道德之音以示後世也○此六者德音之音也者言此鞉鼓椌楬壎篪其聲質素是道德之音以尚質故也○然後鍾磬竽瑟以和之干戚旄狄以舞之者既用質素爲本然後用此鍾磬竽瑟華美之音以贊和之使文質相雜干楯也戚斧也狄羽也聲既文質備足又用干戚旄羽以舞動之此所以祭先王之廟也者以前云鄭宋齊衛四者爲祭祀之所不用故此云六器爲道德之音四器之和文武之舞並可

在於宗廟之中奏之若樂九變而鬼神格也○所以獻酬酳酢也者又用於宗廟中接納賓客也賓入而奏肆夏及卒爵而樂闋孔子屢歎之是也所以官序貴賤各得其宜也者又用樂體别尊卑於朝廷使各得其宜也天子八佾諸侯六佾是也○所以示後世有尊卑長幼之序也者聞樂知德及施于子孫是示後世又宗族長幼同聽之莫不和順閨門之内父子兄弟同聽之莫不和親是長幼之序也○注椌楬至龔簴○正義曰按鄭注詩有瞽篇云柷形如漆筩中有椎敔狀如伏虎背上有二十四齟齬又鄭司農注笙師云篪七空塤六孔鄭云塤燒土爲之大如鴈卵鼗如鼓而小持其柄揺之旁耳自擊鼓革也椌楬木也其聲質素故周語單穆公云革木一聲注云一聲無宮商清濁是也

鐘聲鏗。鏗以立號號以立橫橫以立武君子聽鐘聲。則思武臣

號號令所以警衆也橫充也謂氣作充滿也○鏗古耕反徐苦庚反號胡到反橫古曠反充也下及注同

【疏】鐘聲至武臣○正義曰此一節論樂器之聲各别君子之聽思其所用之臣各隨文解之○鐘聲鏗者言金鐘之聲鏗鏗然矣○鏗以立號者言鏗是堅剛故可以興立號令也○號以立橫者謂橫氣充滿也若號令

威嚴則軍士勇敢而壯氣充滿崔氏云若嚴正立號則其號必充滿於萬物矣○横以立武者言壯氣充滿所以武事可立也崔氏云若教令充徧則武矣○君子聽鍾聲則思武臣者君子謂識樂之情者所以聞聲達事鍾既含號令立武故聽之而思武臣也

石聲磬磬以立辨辨以致死君子聽磬聲則思死封疆之臣石聲磬磬當爲罄字之誤也辨謂分明於節義○磬依注音罄口挺反一音口定反聽磬口定反疆居良反下是疆同

〔疏〕石聲至之臣○此一經明石聲磬者石磬也磬是樂器故讀聲音罄然矣其聲能和故次鍾也言磬輕清響矣叩其磬則其聲之罄罄然也○磬以立辨者辨別也崔云能淸別於衆物則分明辨別也○辨以致死者既各有部分不相侵濫故能使守節者致死矣若諸侯死社稷大夫死衆士死制之屬也崔云若能明別於節義則不愛其死也○君子聽磬聲則思死封疆之臣者言守分不移即固封疆之義矣磬含守分故聽其聲而思其事也○注石聲至誤也○正義曰讀磬爲罄者其字下著石樂器之磬其下著缶是罄然之罄今經云石聲磬恐是樂器故讀爲罄取聲音罄罄然

絲聲哀哀以立廉廉

以立志君子聽琴瑟之聲則思志義之臣廉廉隅【疏】絲聲至之臣○此一經明絲聲哀者哀謂哀怨也謂聲音之體婉妙故哀怨矣○哀以立廉者廉謂廉隅以哀怨之故能立廉隅不越其分也○廉以立志者既不越分故能自立其志○君子聽琴瑟之聲則思志義之臣者言絲聲含志不可犯故聞絲聲而思其事也竹聲濫濫以立會會以聚衆君子聽竽笙簫管之聲則思畜聚之臣濫之意猶擥聚也會猶聚也聚或爲最○濫力敢反下及注皆同會戶外反又古外反下同畜勑六反擥力敢反【疏】竹聲至之臣○此一經明竹聲濫者濫猶擥也言竹聲擥然有積聚之意也○濫以立會者以竹聲既擥聚故能立會矣○會以聚衆者以合會而能聚其衆也○君子聽竽笙簫管之聲則思畜聚之臣者亦聞其音而思其事也笙以匏爲之而在竹聲之中者但笙以匏爲體插竹於匏匏竹兼有故笙文在竹也鼓鼙之聲讙讙以立動動以進衆君子聽鼓鼙之聲則思將帥

之臣聞讙囂則人意動作讙或爲歡動或爲勳○鼙步西反讙呼端反又音喧將子亮反下注大將下將帥同帥本又作率用類反下將帥同囂許驕反又五羔反〔疏〕鼓鼙至之臣○此一經明鼓鼙之聲讙者讙謂讙囂也其聲讙雜矣○讙以立動者以其聲讙故使人意動作也○動以進衆者以動作故能進發其衆也○君子聽鼓鼙之聲則思將帥之臣者將帥衆聚也言鼓能進衆故聞其聲而思其事也不云鼓而云鼙者廣其類也○注聞讙囂則人意動作○正義曰是聲能感動於人也如鄭此言則五者之器皆據其聲聲各不同立事有異事隨聲起是聲能立事也皇氏用崔氏之說云鐘聲爲兊石聲爲乾絲聲爲離竹聲爲震鼓鞞爲坎妄取五方之義棄其五器之聲背經違注曲爲雜說言及於數非關義理又無明文今並略而不用也　君子之聽音非聽其鏗鎗○而已也彼亦有所合之也以聲合成己之志○鎗七羊反又吪衡反徐勑庚反〔疏〕君子至合之也○此一經揔結上文五者言君子之聽音聲非徒聽其音聲鏗鎗而已彼謂樂聲亦有合成己之志意也崔氏云但釋五音八卦屬四方四維之音所感皆應與四方同所以應同者四維處四方之閒四方皆五行相

生水生木匏同竹音木生火木音同絲火生土土不當於方土生金土處金火之間土音屬金金生水石不可屬於水故不同於革而不同者以乾爲君父君父之音不可屬於人故不同於革而磬別有所感乾爲天坤爲地天既不屬人坤所以不別出者爲坤卑故也今按崔氏此說浮虛體例不等上下混雜記人之意不應如此鄭注無文不可附會今略存崔氏之義賢者擇焉今謂八音唯論五者以鍾與武臣相會石與死封疆相將絲與志義是同竹與畜聚相類鼓鼙與將帥同等故五器而有五事其匏與土木不同無此五器之象故記者不言

〇賓牟賈侍坐於孔子孔子與之言及樂曰夫武之備戒之已久何也對曰病不得其衆也

武謂周舞也備戒擊鼓警衆病猶憂也以不得衆心爲憂憂其難也〇牟亡侯反坐才臥反又如字〇【疏】賓牟至衆也〇正義曰此一經別錄是賓牟賈問章自此以下至不亦宜乎揔是賓牟賈與夫子相問答之事今各依文解之〇賓牟賈侍坐於孔子者姓賓牟名賈侍坐於孔子〇孔子與之言及樂者孔子與賓牟賈言說初論他事次及於樂〇曰夫武之備戒之已久何也者此是孔子之問

凡有五夫是發語之端武謂周之武樂欲作舞樂之前先擊鼓備戒其衆備戒之後久始作舞故孔子問之云武樂先擊鼓備戒已久乃始作舞何○對曰病不得其衆也者此賓牟賈所荅亦有五但三荅是二荅非今此荅是也病謂憂也言武王伐紂之時憂病不得士衆之心故先鳴鼓以戒士衆久乃出戰今武樂故令舞者久而不即出是象武王憂不得衆心故也○注武謂至難也○正義曰此以下王事故知周舞也憂其難者憂其不得士衆之難故擊鼓久而不舞

咏歎之淫液之何也對曰恐不逮事也咏歎淫液歌遲之也逮及也事戎事也○咏歎上音詠下音嘆液音亦逮音代又代計反遲直冀反

發揚蹈厲之已蚤何也對曰及時事也時至武事當施也○蹈音悼蚤音早

武坐致右憲左何也對曰非武坐也言武之事無坐也致謂膝至地也憲讀爲軒聲之誤也○依注音軒

聲淫及商何也對曰非武音也言武歌在正其軍不貪商也時人或說其義爲貪商也

子曰若非武音則何音

也對曰有司失其傳也若非有司失其傳則武王之志荒矣有司典樂者也傳猶說也荒老耄也言典樂者失其說也而時人妄說也書曰王耄荒○傳直專反下及注同傳猶說也旄莫報反下同子曰唯丘之聞諸萇弘亦若吾子之言是也萇弘周大夫○萇直良反

〔疏〕咏歎至是也○咏歎之淫液之何也者此孔子之問欲舞之前其歌聲吟咏之長歎之其聲淫液是貪羨之貌言欲舞之前其歌聲何意吟咏長歎歆羨也○對曰恐不逮事也此是賓牟賈荅孔子之詞所以舞前有此咏歎淫液之歌者象武王伐紂恐諸侯不至不逮及戰事故歌聲吟咏而歆羨此荅是也○注咏歎淫液歌遲之也○正義曰咏歎者謂長聲而歎矣淫液謂音連延而流液不絶之意歌遲之之謂作此歌吟思之欲待衆之至也○發揚蹈厲之已蚤何也者此又明是孔子之問初舞之時手足發揚蹈地而猛厲言舞初則然故云已蚤何也意謂舞時發揚蹈厲即大蚤○對曰及時事也者此亦賓牟賈對詞所以舞時蚤爲發揚蹈厲象武王及時伐紂戰事也故發揚象戰此荅非也知非者下云發揚蹈厲是大公之志故知此荅非也

武坐致右憲左何也者此亦孔子問詞。坐跪也致至也軒起
也問武人何忽有時而跪以右膝至地而左足仰起何故也
對曰非武坐也此是賓牟。賈荅云致右軒左非是武人之坐也
言以舞法無坐也此荅亦非知者下云武亂皆坐周召之治
也是武法有坐故知此荅非也○聲淫及商何也也者此亦孔
子問詞。淫貪也問奏樂之聲何意有貪商之聲也王氏云聲
韻歆羨淫液貪商也○對曰非武音也者此賓牟賈之荅非
武音謂非是武樂之音賓牟賈言武王應天從人不得已而
伐之何容有貪商之聲故言非武音此荅是○注言武至商
也○正義曰言武歌在正其軍不貪商者解經非武音言武
歌象武王正其軍事不得有貪商之歌故知貪商非武樂
之音也云時人或說其義爲貪商也者解經中聲淫及商之
義言當時人不曉武音謂此歌聲爲貪商故云或說其義爲
貪商孔子以時人之意而問賓牟賈然時人之說非也孔子
大聖應知其非而問之者孔子雖知其非而問賓牟賈是知
非而故問矣○子曰若非武音則何音也者賓牟賈既荅貪
商非是武音孔子因而問之云貪商之歌若非武樂之音則
何音也○對曰有司失其傳也者此賓牟賈荅云有司謂典
樂者失傳說也言武樂之歌有貪商之意者是典樂有司失
其傳說謂爲貪商故時人惑之○若非有司失其傳則武王

之志荒矣者賓牟賈又云若非是有司失其傳說將言武王實爲貪商則是武王之志荒耄矣言武王荒耄遂有貪商也然武王大聖伐暴除殘何有貪商之意故知有司妄說爲貪商使時人致惑。注荒老至耄荒。正義曰按大戴禮云文王年十五而生武王發又文王世子篇云文王九十七而崩則武王九十三而終矣文王受命七年而崩十三年伐紂是文王崩後六年伐紂時武王八十九矣年雖老而大聖不荒耄也書曰王耄荒呂刑文也言穆王享國百年而耄荒證荒爲老耄也。子曰唯丘之聞諸萇弘者孔子旣得賓牟賈之荅故云聞諸萇弘諸於也聞於萇弘之說。亦若吾子之言是也者謂賓牟賈爲吾子者儀禮注云子男子之美稱言吾子相親之詞

賓牟賈起免席而請曰夫武之備戒之已久則旣聞命矣敢問遲之遲而又久何也遲之遲謂久立於綴。遲之遲並直詩反徐直尼反

疏 賓牟至何也。自此以前孔子問賓牟賈自此以後是賓牟賈問孔子此一經是賓牟賈問詞也。免席而請曰者免席謂避席也言賓牟賈前荅孔子雖被孔子所許於前荅之事猶有不曉而反請問孔子故曰免席而請焉。夫武之備戒

之已久則既聞命矣者前經是夫子之問賓牟賈前荅其已久之意被孔子所許不得爲非是既聞命矣○敢問遲之遲而又久何也者此賓牟賈問孔子之詞遲之遲者賀氏云備戒已久是遲久立於綴亦是遲而又久何意如此

子曰居吾語汝夫樂者象成者也揔干而山立武王之事也發揚蹈厲大公之志也武亂皆坐周召之治也

居猶安坐也成謂已成之事也揔干持盾也山立猶正立也象武王持盾正立待諸侯也發揚蹈厲所以象威武時也武舞象戰鬬也亂謂失行列也失行列則皆坐象周公召公以文止武也○語魚據反女音汝下且女同大音泰召音邵注及下同治直吏反下注及下同盾述尹反又音允行戸剛反下同

【疏】子曰至治也○自此以下孔子爲賓牟賈說武樂之意并廣明克殷以後之事此一經爲賓牟賈說其將舞之事○夫樂者象成者也言作樂者放象其成功者也揔干而山立者言將舞之時舞人揔持干盾以正立似山不動揺象武王持盾以待諸侯之至也○發揚蹈厲大公之志也者言武樂之舞發揚蹈厲象大公威武鷹揚之志也○武亂皆坐周召之治

也者亂謂失行列作此武舞迴移轉動亂失行列皆坐所以坐者象周公召公以文德治之以文止武象周召之治也

且夫武始而北出再成而滅商三成而南四成而南國是疆五成而分。周公左召公右六成復綴以崇成猶奏也每奏武曲一終爲一成始奏象觀兵盟津時也再奏象克殷時也三奏象克殷有餘力而反也四奏象南方荆蠻之國侵畔者服也五奏象周公召公分職而治也六奏象兵還振旅也復綴反位止也崇充也凡六奏以充武樂也。夫音扶綴丁劣反又丁衛反注及下同孟本亦作盟音孟【疏】且夫至以崇。此一經孔子爲賓牟賈說武樂六成之意上說三者之事已訖更別廣說武樂故云且夫武始而北出者謂初舞位最在於南頭從第一位而北出者次及第二位稍北出者熊氏云則前云三步以見方見一成也作樂一成而舞象武王北出觀兵也。再成而滅商者謂作樂再成舞者從第二位至第三位象武王滅商則與前文再始以著往爲一也。三成而南者謂舞者從第三位至第四位極北而南反象武王克紂而南還也。四成而南國是疆者謂武曲四成舞者從北頭第一位却至第二位象武王伐紂之後南方之國於是疆理也。五成而分周公左召公右者從第二位至第三位分爲左右象周公居左召公居右也。六成復綴以崇者綴謂南頭初位舞者從第三位南至本位故言復綴以崇崇充也謂六奏充其武樂象武王之德充滿天下此並熊氏之說也而皇氏不云次位舞者本在舞位之中但到六成而已今舞亦然義亦通也。注成猶至樂也。正義曰成謂曲之終成每一曲終成而更奏故云成猶奏也云復綴反位止也者謂最在南第一位初舞之時從此位入北至六成還反復此位如鄭所注熊氏得之云凡六奏以充武樂也者充謂充備言六奏其曲武樂充備故云六奏以充武樂言武樂充備是功成大平周德充滿於天下也

天子夾振之而駟伐盛威於中國也夾振之者上與大將夾舞者振鐸以爲節也駟當爲四聲之誤也武舞戰象也每奏四伐一擊一刺爲一伐牧誓曰今日之事不過四伐五伐。夾古洽反注及下同鐸大各反一刺本亦作壹刺七亦反

疏 天子至國也。正義曰天子夾振之者謂武樂之作言天子與大將夾舞者振鐸以節之。而駟伐者駟當爲四四伐謂擊刺作武樂之時每一奏之中而四度擊刺象武王伐紂四伐也。盛威於中

國也者象武王之德盛大威武於中國○注夾振至五伐○
正義曰王與大將夾舞者振鐸以爲節也者經云天子夾振
是兩邊相夾天子與大將相對明是尊者故知王與大將也
經云振之鐸是所振之物故知振鐸以爲舞者之節也武樂
在庭天子尊極所以得親夾舞人爲振鐸者熊氏按祭統云
君執干戚就舞位冕而揔干率其羣臣以樂皇尸又下云食
三老五更於大學冕而揔干尚得親舞何以不得親執鐸乎
此執鐸爲祭天時也皇氏云武王伐紂之時王與大將親自
執鐸以夾軍衆今作武樂之時令二人振鐸夾舞者象武王
與大將伐紂之時矣皇氏此說稍近人情理通勝於熊氏但
注云王與大將夾舞者則似天子親夾舞人則皇氏說不便
未知孰是故備存焉王肅讀天子上屬謂作樂六成尊崇天
子之德矣按聖證論王肅引家語而難鄭云六成而復綴以
崇其爲天子此家語之文也馬昭申鄭意云凡樂之作皆所
以昭天子之德豈特六成之末而崇之乎孔晁又難馬昭云
天子夾振用舞之法在於經典今謂天子夾振此經之正文
又親舞揔干具如熊氏之說此則經典之證也云駟當爲四
聲之誤也者以牧誓有四伐之文故讀爲四也云每奏四伐
者武樂六奏每一奏之中舞者以戈矛四度擊刺象伐紂時
也引牧誓曰今日之事不過四伐五伐者此武王戒誓士衆

云今日戰事前進不得過四伐五伐乃止齊焉今武樂惟用四伐不用五伐者尚其少也分夾而進事蚤濟也分猶部曲也事猶爲也濟成也舞者各有部曲之列又夾振之者象用兵務於早成也○分扶問反注同分部曲久立於綴以待諸侯之至也象武王伐紂待諸侯也且女獨未聞牧野之語乎欲語以作武樂之意○牧野音也徐又以汝反欲語魚據反武王克殷反商未及下車而封黃帝之後於薊封帝堯之後於祝封帝舜之後於陳下車而封夏后氏之後於杞投殷之後於宋封王子比干之墓釋箕子之囚使之行商容而復其位庶民弛政庶士倍祿濟河而西馬散之華山之陽而弗復乘牛散之桃林之

野而弗復服車甲衅而藏之府庫而弗復用倒載干戈包之以虎皮將帥之士使爲諸侯名之曰建櫜然後天下知武王之不復用兵也

反商當爲及字之誤也及商謂至紂都也牧誓曰至于商郊牧野封謂故無土地者也投舉徙之辭也時武王封紂子武庚於殷墟所徙者微子也後周公更封而大之積土爲封封比干墓崇賢也行猶視也使箕子視商禮樂之官賢者所處皆令反其居也弛政去其紂時苛政也倍祿復其紂時薄者也散猶放也桃林在華山旁甲鎧也衅釁字也包干戈以虎皮明能以武服兵也建讀爲鍵字之誤也兵甲之衣曰櫜鍵櫜言閉藏兵甲也詩曰載櫜弓矢春秋傳曰垂櫜而入周禮曰櫜之欲其約也薊或爲續祝或爲鑄○反依注音及封黄帝之後於薊音計今涿郡薊縣是也即燕國之都也孔安國司馬遷及鄭皆云燕國郡邵公與周同姓按黄帝姓姬君奭蓋其後也或黄帝之後封薊者滅絕而更封燕郡乎疑不能明也而皇甫謐以邵公爲文王之庶子記傳更無所出又左傳富辰之言亦無燕也祝之六反杞音起使之行下孟

反注同覸也商容如字孔安國云殷之賢人也鄭云商禮樂
之官也復音伏弛始氏反注同廢也華如字又戸化反而弗
復扶又反下同衅字又作釁同許靳反倒丁老反建依注讀
爲鍵其展反徐其偃反櫜音羔注同盧音墟令力呈反去起
呂反苛音何本又作荷役也鎧苦代反又開改反鑄止樹反

〈疏〉分夾至兵也○正義曰分夾而進事蚤濟也者分謂部分夾謂振鐸夾之言舞者各有部分振鐸夾之而進也事爲也象武王伐紂爲蚤濟成也象爲事之蚤成故前進也○从立於綴以待諸侯之至也者言未舞之前舞者久立於鄭綴象武王待諸侯之至○且女獨未聞牧野之語乎孔子既爲賔牟賈說武樂之體也又欲爲賔牟賈廣論牧野之作武樂之意故云且女獨未聞牧野之語乎將欲語以牧野之事畢周道四達之意也○武王克殷反商此孔子爲賔牟賈說牧野克殷後事反商者反當爲及言武王牧野克殷已畢及至商紂之都也○未及下車者言速封諸侯未遑暇及下車即封黃帝堯舜之後也下車而封夏殷之後者以二王之後以其禮大故待下車而封之按周本紀云武王以與戰伐紂兵皆崩畔武王入至紂死之所周公把大鉞畢公把小鉞以夾武王武王既入立於社南召公奭責兵師尚父牽牲尹逸祝曰殷之末孫季紂殄廢先王明德又云乃封紂子祿父

使其弟管叔蔡叔相祿父命召公釋箕子之囚命畢公釋百姓之囚表商容之閭命南宮适散鹿臺之財發鉅橋之粟命閎夭封比干之墓武王追思先聖乃褒封神農之後於焦及封黃帝之後於薊封帝堯之後於祝封帝舜之後於陳大禹與此同然如武王追思先聖乃封之與此未及○下車義反當以禮記爲正此不云封神農者舉三恪二代也○釋箕子之囚使之行商容而復其位者旣釋箕子使之行商容者行視也容謂禮樂之官使箕子檢視殷家禮樂之官若有賢者所處皆令復居其故位也○庶士倍祿庶民弛政庶民被紂虐政者而放去之也○庶士倍祿者謂庶士紂時祿薄者而倍益之○車甲衅而藏之府庫者言車甲不復更用故以血衅而藏之○倒載干戈者倒載而還鎬京也所以倒之者熊氏云凡載兵之法皆刃向外今倒載者刃向國不與常同故云倒載也○包之以虎皮者虎皮武猛之物也用此虎皮包裹兵器示武王威猛能包制服天下兵戈也或以虎皮有文欲以見文止武也○將帥之士使爲諸侯名之曰建櫜者封爲諸侯者以報勞賞其功也卽牧誓云千夫長是也名之曰建櫜者鍵籥牡也櫜兵鎧之櫜也言鎧及兵戈悉櫜韜之置於府庫而鍵閉之故云名之曰建櫜也然後天下知武王之不復用兵也者見其放牛藏器故知之○注反當至約也○正義

曰反當爲及者以下文云濟河而西明知此反商是及至商
也云投舉徙之詞也者以武王之時封紂子武庚於殷墟初
克紂微子復其故位左傳云武王親釋其縛使復其所是也
而蹔時復所武王即徙而居宋也故云所徙者微子也云後
周公更封而大之者以武庚于周公居攝之時作亂被滅周
公因封微子先在於宋更封而大之者按書序云成王既黜
殷命命微子啟作微子之命是封而大之其實封爲五百里
在制禮之後故發墨守云六年制禮作樂封殷之後稱公於
宋是也云使箕子視商禮樂之官者容爲禮樂故云視商禮
樂之官知容爲禮樂者漢書儒林傳云孝文時徐生善爲容
是善禮樂者謂之容也而武成篇云式商容閭則商容人名
鄭不見古文故爲禮樂也云衅釁字也者以禮傳所云以血
塗物皆爲釁故從釁也云建讀爲鍵者鍵是管籥閉藏之名
故讀爲鍵或以管籥或以櫜衣閉藏兵革故云鍵櫜也引詩
曰載櫜弓矢者詩頌時邁篇也論武王伐紂畢載櫜弓矢也
引春秋傳垂櫜而入者昭元年左傳文時楚公子圍聘於鄭
公孫段云請垂櫜而入示無弓但垂櫜而已引周禮櫜之欲
其約也者考工記文言以皮爲甲櫜中盛之欲其約所引此
諸文者證櫜是韜盛之物也

散軍而郊射左射貍首右射騶

虞而貫革之射息也裨冕搢笏而虎賁之士說劒也祀乎明堂而民知孝朝覲然後諸侯知所以臣耕藉然後諸侯知所以敬五者天下之大教也郊射爲射宮於郊也左東學也右西學也貍首騶虞所以歌爲節也貫革射穿甲革也裨冕衣裨衣而冠冕也裨衣衮之屬也搢猶插也賁憤怒也文王之廟爲明堂制耕藉藉田也○郊射食亦反左射下右射同沈皆食夜反貍力之反騶側由反貫古亂反後同裨婢支反搢音進笏音忽賁音奔注同孔安國云虎賁若虎賁獸言其猛也說吐活反朝直遥反射穿食亦反衣裨衣上於既反下如字而冠古亂反猶捷本亦作插初洽反徐采協反憤扶粉反食三老五更於大學天子袒而割牲執醬而饋執爵而酳冕而揔干所以教諸侯之弟也三老五更互言之耳皆老人更知三德五事者也冕而揔干親在舞位也周名大學於東膠○食音嗣更

古　衡反　酳音肩反　肩又　脩文　仕音泰　注大學同　膠䙊其媿交　鎬京止　還其媿

商之後脩文教也。於左射貍首者，貍首在西學也，故知騶虞之射於東學。天子於郊學射者，左射貍首，右射騶虞，故知貍首之義在西學也。

郊之射也，於周宮貍首在庠學者，學左中也。騶虞射諸侯者，學於東郊也。天子在於郊學也，亦在於郊學而教也。

簡德詩也。左射貍首在東學也，右射騶虞之詩，必得言貍首者，皇氏以為舊解云：貍首之射於東學，然後必得言貍首者，學於西郊也。

所射詩也，後必得言貍首者，皇氏以為舊解云：貍首不朝其義，非射之言也。

歌貍首其頭詩也。然後必得言貍首者，學之在西郊也，故知騶虞射諸侯，射貍首於東學，射貍首於諸侯習射於諸侯，擇士也。

伏下其詩，詩後必言貍首者，皇氏有所說，諸侯解物矣。鄭注：大射諸侯習射於諸侯，則學中習文也。

云貍以名逸詩，然後貍首之在西郊也，故知貍首之舊解物不朝，其義之言也。

因以貍詩，然後必得言貍首者學於東郊也。知貍首諸侯之射，於東則學。

右射騶虞，射名騶虞，白虎黑文，應五物也。故知騶虞之在西郊也，故知唯天子射諸侯不矣。

也。騶虞者多言虞。彼茁者葭，一發五豝，應五物也。鄭注：唯天子射諸侯之說，得其賢騶。

者多言軍中。而不習於容儀，又息也。鄭注：穿七札，是張之五豝犯之詩中，習射。

多言軍中，而貫於容止息也。穿取甲札，甲鎧也。此所謂君穿禮穿。

射者於學，故貫革之射止息也。別由基射甲鎧也，此射謂得射射賢貍。

射者在軍，謂之貫射也。春秋養由基射甲札，五犯之喻，軍得射貍首。

也者在軍。說者既並習射，插笐也。犀兕虎賁言犇走有力如虎，既說笐虎賁言。

孝者罷武劍而教民之行孝，故明堂明堂是文王之廟也。於民時王知。

未有明堂而一云明堂者文王廟如明堂之制故云明堂也天
子於中祀其父也故教民知孝之道矣然不於后稷廟而於
文王廟者既是述父之志故初於中祀也。朝覲然後諸侯
知所以臣者六服更朝故諸侯知爲臣之道還國而教也。
耕藉然後諸侯知所以敬者王自耕藉田以供粢盛故諸侯
見而知其敬亦還國而耕。也○五者天下之大教也者郊射
一禘冕二祀乎明堂三朝覲四耕藉五此五者大益於天下
並使諸侯還其本國而爲教故云大教也○注郊射至田也
○正義曰郊射爲射宮於郊者。也。皇氏云於東郊熊氏云王制
篇云殷禮小學在公宮南之左大學在郊武王伐紂之後猶
用殷制故小學射貍首大學射騶虞也言爲射宮於郊者據
大學也云禘冕衣禘衣而冠冕也者覲禮云侯氏禘冕鄭云
禘之爲言埤也天子六服大裘爲上其餘爲埤。故此云禘衣
衮之屬也衮謂從衮冕之衣以下皆是也言身著衣而首冠
冕故云禘冕衣禘衣而冠冕也云文王之廟爲明堂制者以
周公攝政六年始朝諸侯於明堂當武王伐紂之時未有明
堂今云祀乎明堂故知是文王之廟制耳非正明堂也○天
子袒而割牲者謂天子養三老五更之時親袒衣而割牲也
執醬而饋者謂天子親執醬而饋之○執爵而酳者謂食訖
天子親執爵而酳口也○冕而揔干者謂天子親自着冕手

持干盾而親舞也此冕當鷩冕享先公以饗射養老之類所以教諸侯之弟也者天子親自養老則諸侯亦然不言教以孝者與上互文。注三老至東膠。正義曰三老五更互言之耳者三老亦五更五更亦三老故云皆老人更知三德五事者也三德謂正直剛柔五事謂貌言視聽思也文王世子注云象三辰五星者義相包矣云周名大學曰東膠者按王制云周人養國老於東膠以養國老故知大學也此經云食三老五更於大學亦謂殷禮周則右射騶虞之處矣

若此則周道四達禮樂交通則夫武之遲久不亦宜乎。言武遲久爲重禮樂。夫音扶爲于僞反〔疏〕若此至宜乎。若如也言周德如此之後則是周之道德四方通達禮樂交通無所不備也則夫武之遲久不亦宜乎者凡功小者易就其時速也功大者難成其時久也周之禮樂功大故作此大武之樂遲停而久不亦宜乎者其宜合當然也以其功德盛大故須遲久重慎之也

君子曰禮樂不可斯須去身致樂以治心則易直子諒之心油然生矣易直子諒之心生則

樂樂則安安則久久則天天則神天則不言而信神則不怒而威致樂以治心者也。致猶深審也子讀如不子之子油然新生好貌也。善心生則寡於利欲寡於利欲則樂矣志明行成不言而見信如天也不怒而見畏如神也樂由中出故治心。易以豉反下及注皆同子君諒子如字徐將吏反諒音亮油音由行下孟反下同【疏】子

至者也。正義曰自此以下至可謂盛矣名爲樂化言樂能化人始至於善故名樂化各隨文解之。此一經明樂以治心記者引君子之言故云君子曰禮樂不可斯須去身者言禮樂是治身之具不可斯須去離於身也。致樂以治心則易直子諒之心油然生矣者致謂深致詳審易謂和易直謂正直子謂子愛諒謂誠信言能深遠詳審此樂以治正其心則和易正直子愛誠信之心油油然從內而生矣言樂能感人使善心生也。易直子諒之心生則樂者四善之心生則令人和樂樂則安者心樂故體安而不躁也。安則久者既身不躁故性命長久也。久則天者志明行成久而不改則人信之如天。天則神者既爲人所信如天故又爲人所畏如神也。天則不言而信者謂四時不失。神則不怒而威

者言宗廟社稷之中而民自敬是不怒而威也言聖王既能用樂和心故不言而信似天也不怒而威似神也致樂以治心者也言聖王所以能如此者正由詳審於樂以和治民心遂能如此。注致猶至治心。正義曰致猶深審也者言深遠詳審樂之道理能致如此故云致猶深審也云子讀如不子之子者按尚書云啟呱呱而泣予弗子是子愛之義而此經子亦是慈愛故讀如不子之子云油然新生好貌也書傳箕子歌云禾黍之油油潤澤好之貌然善心內生其貌美好油然也云善心生則寡於利欲者凡利欲之發由貪鄙而來心若思利欲則神勞形苦今善心既生則利欲寡少利欲既少則情性和樂云志明行成者不貪於利用是志意清明神和性樂是善行得成矣云不言而見信如天也不怒而見畏如神也者以其志明行成之後故人皆信其德行敬其威重不須言見信之如天不須怒而見畏如神也但天之與神其事是一俱不言而信不怒而威天則有形事似稍近神則無體理如幽深故經先云久則天後云天則神也但天者四時不失故云不言而信神是人所畏敬故云不怒而威其實一也所從之異耳云樂由中出故治心者解樂以治心之意也

致禮以治躬則莊敬莊敬則嚴威躬身也禮自外作故治身

心中斯須不和不樂而鄙詐之心入之矣鄙詐是貪多詐僞外貌斯須不莊不敬而易慢之心入之矣易輕易也【疏】致禮至之矣○致禮以治躬則莊敬莊敬則嚴威者前經云致樂此經云致禮而治躬謂致禮意以治躬外貌則莊嚴而恭敬若能莊嚴而恭敬則嚴肅威重也言内心莊嚴恭敬則人憚之嚴肅威重○心中斯須不和不樂而鄙詐之心入之矣者前經明致樂治心則向善心生此經明樂治心失則怨心起言不能致樂治心心中斯須不能調和則不能喜樂而有鄙恡詐僞之心入於内矣由貪欲多故鄙詐起也○外貌斯須不莊不敬而慢易之心入之矣者前經致禮以治躬得則莊敬起此經明致禮以治躬失則易慢生故云外貌斯須不莊不敬不能致禮治躬故輕易怠慢之心從外而入内矣故樂也者動於内者也禮也者動於外者也樂極和禮極順内和而外順則民瞻其顏色而弗與爭也望其容貌而民不

生易優焉故德煇動於內而民莫不承聽理發諸外而民莫不承順德煇顏色潤澤也理容貌之進止也○爭爭鬭之爭煇音輝

〔疏〕故樂至承順○。此一經言聖人用禮樂以治身內外兼備使德煇動於內而民順於外○故樂也者動於內者也者但樂從心起故感動於內○禮也者動於外者也禮從外生故發動於外也○樂極和者樂能感人心故極益於和也○禮極順者禮以檢貌故極益於順也內和而外順則民瞻其顏色而弗與爭也者由心內和色見於外順之故望其顏色而弗與爭內和色見於外故不爭矣此覆結上內和也○望其容貌而民不生易慢焉者外貌和順故民不生易慢此覆結外順也○故德煇動於內而民莫不承聽者由樂以和心故德煇美發動於內而民莫不承奉聽從也○理發於外而民莫不承順者由禮以治貌故理發見於外而民莫不承奉敬順也○注德煇至止之○正義曰德煇顏色潤澤也由內心和順故和順之德煇然發見於顏色是德煇由動於內而來也云理容貌之進止也者以經云理發諸外凡道理從內心而生今云理發諸外非道理之理止謂容貌進止之理鄭恐有道理之嫌故云容貌之進止也

故

曰致禮樂之道舉而錯之天下無難矣〔疏〕故曰至難矣○此一經揔結致備禮樂之道也言聖人若能詳審極致禮樂之道舉而錯置於天下悉皆敬從無復有難爲之事也樂也者動於內者也禮也者動於外者也故禮主其減樂主其盈禮主於減人所倦也樂主其盈人所歡也○錯本亦作措同七路反減胡斬反又古斬反注及下同禮減而進以進爲文樂盈而反以反爲文進謂自勉強也反謂自抑止也文猶美也善也○強其丈反又其兩反禮減而不進則銷樂盈而不反則放故禮有報而樂有反放淫聲樂不能止也報讀曰褒褒猶進也○銷音消報依注讀曰褒音保毛反下同禮得其報則樂樂得其反則安得謂曉其義知其吉凶之歸○樂樂上音洛下音岳禮之報樂之反其義一也俱趨立於中不銷不放也〔疏〕樂也

至一也○。此一節論樂之體或減或盈其事各異王者當各依其事而和節之也○故禮主其減者行禮在於困匱主在減損謂人不能行也○樂主其盈者作樂人所歡樂言樂主於盈滿人皆欲得聞也○禮減而進以進爲文者禮既減損當須勉勵於前進文謂美善之名若能前進則爲美善也○樂盈而反以反爲文者樂主其盈當須抑退而自反則爲美善也○禮減而不進則銷者覆明前經禮須進之意禮既減損若不勉强自進則禮道銷衰也○樂盈而不反則放者言樂主盈滿若不反自抑損則樂道流放也○故禮有報而樂有反者報讀爲褒褒猶進也以其病害如此故行禮之道須有自進作樂之道須有自退反也○禮得其報則樂者言禮能曉其義理而自進則和樂不至困苦故和樂也○樂得其反則安者言樂能知吉凶之歸而得其反則安静而不流放也禮之報樂之反其義一也者言禮能自進樂能自反其義於中和之義一也言俱得其中故云一也○注得謂至之歸○正義曰得謂曉其義者言禮樂俱有義理云知其吉凶之歸者謂禮之與樂俱有吉凶行禮得所爲吉失禮則凶爲樂美善則吉爲樂惡則凶今按注意分明兼解禮樂故鄭唯言得謂曉其義是兼解禮得樂得之字則自然吉凶之言解禮樂皇氏之意乃謂曉其義者解禮知其吉凶所歸解樂其義非也夫樂至此矣從此以下至章末揔明樂之德也夫樂者樂也人情之所不能免也樂必發於聲音形於動靜人之道也聲音動靜性術之變盡於此矣免猶自止也人道人之所爲也性術言此出於性也益於此不可過【疏】夫樂至此矣。夫樂者樂也者言樂之爲體是人情所歡樂也人情之所不能免也者免猶止退也言喜樂動心是人情之所不能自抑退也樂必發於聲音者言人歡樂之事發見於聲音言內心歡樂聲音發見前嗟嘆之咏歌之是也。形於動靜者形見也內心歡樂發見於外貌動靜則不知手之舞之足之蹈之是也。人之道也者謂內心歡樂發見聲音動靜是人道自然之常。聲音動靜性術之變盡於此矣者術謂道路變謂變動言口爲聲音貌爲動靜是人性道路之變轉竭盡於此矣而不可過也內心善則變轉出音聲善外貌變轉爲動靜此自然情性爲變改不過於此度此外不復更有餘事故云盡於此矣故人不耐無樂樂不耐無形形而不爲道不耐無亂形聲音動靜也耐古書能字也後世變之此獨存焉古以能爲三台字。耐古能字下及注同台味才反【疏】故人至無亂。此一節明人稟自然之性而有喜樂。故人不耐無樂者言人感五常之性自然之常若見好事內心不能無喜樂也。樂不耐無形者內既歡樂不能無形形見於外謂聲音動靜而見於外也。形而不爲道不耐無亂者歡樂既形形於外而不依道理或歌舞不節俾晝作夜是不依道理既不爲道不能無淫亂之事以至於亡國喪家也。注耐古至台字。正義曰言經之耐字是古書能字之義言古書能字皆作耐字云後世變之者言後世以來變耐爲能不作耐字也云此獨存焉者言此樂記獨存耐字以爲能也云古以能爲三台字者言古時以今能字爲三台之字是古者之耐字爲今之能字能字爲三台之字後世以來廢古耐字以三台之能替耐字之變而爲能也又更作三台之字是今古變也

〇先王恥其亂故制雅頌之聲以道之使其聲足樂而不流使其文足論而不息使其曲直繁瘠廉肉節奏足以感動人之善心而已矣不使放

心邪氣得接焉是先王立樂之方也流謂淫放也文篇辭也息猶銷也曲直歌之曲折也繁瘠廉肉聲之鴻殺也節奏闋作進止所應也方道也。以道音導瘠在亦反肉如又反注同邪似嗟反折之設反鴻本亦作洪殺色戒反徐所例反闋苦穴反

【疏】先王至方也。此一節論先王恥惡其亂故立正樂以節之使其聲足樂而不流者言先王制其雅頌之聲作之有節使人愛樂不至流逸放蕩也。使其文足論而不息者文謂樂之篇章足可談論義理而不息止也使其曲直繁瘠廉肉節奏足以感動人之善心而已矣者曲謂聲音迴曲直謂聲音放直繁謂繁多瘠謂省約廉謂廉稜肉謂肥滿節奏謂或作或止作則奏之止則節之言聲音之內或曲或直或繁或瘠或廉或肉或節或奏隨分而作以會其宜但使會其宜足以感動人之善心如此而已。不使放心邪氣得接焉者放心謂放恣之心邪氣謂淫邪之氣既節之以雅頌又調之以律呂貌得其敬心得其和故放心邪氣不得接於情性矣。是先王立樂之方也者方猶道也言此上來之事是先王立樂之道也。注流猶至道也。正義曰流猶淫放也者謂樂聲流動淫邪放逸聲既如此感動人心人若聽之心亦流移淫放也云息猶銷也言樂德深遠論量

義理而不可銷盡故云論而不息云曲直歌之曲折也言為歌之體其聲須有曲時有折時故云歌之曲折也云繁瘠廉肉聲之鴻殺也者鴻謂麄大殺謂細小言樂聲須弘大而多則肉與繁聲是也殺謂聲音細小則瘠與廉聲是也言聲音之宜或須繁多肉滿者或須瘠少廉瘦者凡樂器大而弦麄者其聲鴻器小而弦細者其聲殺矣云節奏闋作進止所應也闋謂樂息作謂樂動進則作也止則闋也故云進止所應也

○是故樂在宗廟之中君臣上下同聽之則莫不和敬在族長鄉里之中長幼同聽之則莫不和順在閨門之内父子兄弟同聽之則莫不和親故樂者審一以定和比物以飾節節奏合以成文所以合和父子君臣附親萬民也是先王立樂之方也審一審其人聲也比物謂雜金革土匏之屬也以成文五聲八音克諧相應和○長丁丈反閨音圭比毗

志反注同雜也飾音式又音勑〔疏〕是故至方也○此一經覆說聖王立樂之事使君臣上下同聽之則莫不和敬
者以君臣主敬故君臣上下同聽之則莫不和敬也鄉里士
順故云莫不和順父子主親故云莫不和親也○故樂者審
一以定和者一謂人聲言作樂者詳審人聲以定調和之音
但人聲雖一其感有殊或有哀樂之感或有喜怒之感當須
詳審其聲以定調和之曲矣○比物以飾節者物謂金石匏
土之屬言須比八音之物以飾音曲之節也○節奏合以成文
者謂奏作其樂或節止其樂使音聲和合成其五聲之文也
所以合和父子君臣者則上文君臣同聽莫不和敬父子同
聽莫不和親是也○附親萬民也者則上文族長鄉里之中
長幼同聽莫不和順之屬言親以及疏言近以至親遠是親
附萬民也故聽其雅頌之聲志意得廣焉執其干
戚習其俯仰詘伸容貌得莊焉行其綴兆要
其節奏行列得正焉進退得齊焉故樂者天
地之命中和之紀人情之所不能免也綴表也所以表

行列也詩云荷戈與綴兆域也舞者進退所至也要猶會也命教也紀揔要之名也○詘巨勿反要一遥反注要猶會同行戸剛反注同荷本又作何胡可反一音河綴詩作祋同都外反〔疏〕故聽至免也○此一經論先王制樂得天地之和則感動人心使之和善○故聽其雅頌之聲志意得廣焉者雅以施正道頌以贊成功若聽其聲則淫邪不入故志意得廣焉○執其干戚習其俯仰詘伸容貌得莊焉者干戚是威儀之容俯仰詘伸以禮進退動止必以禮故容貌得莊敬焉○行其綴兆要其節奏行列得正焉進退得齊焉者綴表也兆域也言舞者綴表兆域方正得其所矣節謂曲節奏謂動作言作樂或節或奏是依其綴兆故行列得正由隨其節奏故進退得齊焉○故樂者天地之命者命教也言樂者感天地之氣是天地之教命也○中和之紀者紀謂綱紀揔要之所言樂和律呂之聲是中和紀綱揔要之所言也○人情之所不能免也者人感天地而生又感陰陽之氣樂既合天地之命協中和之紀感動於人是人情不能自免退言人感樂聲自然敬畏也○注綴表至名也○正義曰引詩云荷戈與綴者證綴爲表也今按詩荷戈與祋不同者蓋鄭所見齊魯韓詩本不同也云紀揔要之名也者紀是綱紀衆物之名與衆物爲揔要言樂者與中和之聲爲揔要也

夫

樂者先王之所以飾喜也軍旅鈇鉞者先王之所以飾怒也故先王之喜怒皆得其儕焉儕猶輩類○鈇方夫反又音甫鉞音越儕仕皆反輩布内反喜則天下和之怒則暴亂者畏之先王之道禮樂可謂盛矣天子之於天下喜怒節之以禮樂則兆民和從而畏敬之禮樂王者所常興則盛矣

〔疏〕夫樂至盛矣○此一經覆說樂道之盛○故先王之喜怒皆得其儕焉者言樂以飾喜非喜不樂是喜得其儕類焉鈇鉞飾怒非怒不可橫施鈇鉞是怒得其儕類焉是樂非合喜不喜鈇鉞非合怒不怒也○喜則天下和之者以心内而喜故天下和也○怒則暴亂者畏之者非惡不怒故暴亂者畏之○先王之道禮樂可謂盛矣者上經以來但論樂此兼云禮者以此一章揔兼禮樂故於章末揔以禮樂結之

○子贛見師乙而問焉曰賜聞聲歌各有宜也如賜者宜何歌也子贛孔子弟子師樂官也乙名聲歌各有宜氣

順性也○贛音貢師乙曰乙賤工也何足以問所宜請誦其所聞而吾子自執焉（樂人稱工執猶處也○請七潁反徐音情）愛者宜歌商溫良而能斷者宜歌齊夫歌者直己而陳德也動己而天地應焉四時和焉星辰理焉萬物育焉故商者五帝之遺聲也寬而靜柔而正者宜歌頌廣大而靜疏達而信者宜歌大雅恭儉而好禮者宜歌小雅正直而靜廉而謙者宜歌風肆直而慈愛（此文換簡失其次寬而靜宜在上愛者宜歌商宜承此下行讀云肆直而慈愛者宜歌商商宋詩也愛或爲哀直已而陳德者因其德歌所宜育生也○斷丁亂反下及注同好呼報反換戶亂反行戶剛反）商之遺聲也商人識

之故謂之商齊者三代之遺聲也齊人識之故謂之齊云商之遺聲也衍字也又誤上所云故商者五帝之遺聲也當居此衍字處也○處昌慮反明乎商之音者臨事而屢斷明乎齊之音者見利而讓屢數也數斷事以其肆直也見利而讓以其溫良能斷也斷猶決也○屢力住反數色角反下同臨事而屢斷勇也見利而讓義也有勇有義非歌孰能保此保猶安也知也故歌者上如抗下如隊曲如折止如槀木倨中矩句中鉤纍纍乎端如貫珠言歌聲之著動人心之審如有此事○上時掌反抗苦浪反隊直媿反折之設反槀苦老反倨音据中丁仲反句紀具反鉤古侯反纍本又作累力追反故歌之爲言也長言之也說之故言之言之不足故長言之長

言之不足故嗟歎之嗟歎之不足故不知手之舞之足之蹈之也長言之引其聲也嗟歎和續之也不知手之舞之足之蹈之歡之至也○說音悅和胡卧反子貢問樂上下同美之也〔疏〕子貢至問樂○正義曰子貢見師乙依別錄是師乙之章○聞聲歌各有宜也者子貢問師乙言凡聲歌各逐人性所宜者也如賜同者宜何歌也者如賜同之氣性宜作何歌是欲令師乙觀已氣性宜聽何歌也請誦其所聞而吾子自執焉者此師乙荅子貢請爲論述不敢定其所所宜故請誦其所聞之詩令子貢自量已性執處所宜之歌但此經倒錯上下失敘今依鄭之所注次而解之所次依史記樂書也○寬而靜柔而正者宜歌頌者寬謂德量寬大靜謂安靜柔謂和柔正謂正直頌成功德澤弘厚若性寬柔靜正者乃能包含故宜歌頌也○廣大而靜疏達而信者宜歌大雅者廣大謂志意宏大而安靜疏達謂疏朗通達而誠信大雅者歌其大正故性廣大疏達直歌大雅但廣大而不寬疏達而不柔包容未盡故不能歌頌○恭儉而好禮者宜歌小雅者恭謂以禮自持儉謂以約自處若好禮而動不越法也小雅者王者小正性既恭儉好禮而守分不能廣

大疏通故宜歌小雅者也○正直而靜廉而謙者宜歌風者正直而不能包容靜退即不知機變廉約自守謙恭卑退不能好禮自處其德狹劣故宜歌諸侯之風未能聽天子之雅矣○肆直而慈愛者宜歌商商者謂情性肆放質直慈心愛養者宜歌商商者五帝之遺聲言五帝道大故肆直慈愛者宜歌之以慈愛故也○溫良而能斷者宜歌齊齊者三代之遺聲三代干戚所起裁斷是非故溫良能斷者宜歌齊也○夫歌者直己而陳德也者言夫歌者當直己身而陳論其德謂已有此德而宜此歌亦是正直已身而敷陳其德故云直已而陳德也○動已而天地應焉者言能直已陳德故有四事而來應之言歌者運動已德而天地應焉○四時和焉者謂陰陽順也○星辰理焉者謂不悖逆也○萬物育焉者謂羣生所得也○故商者五帝之遺聲也者言五帝德既顯盛遺聲在於後代矣其肆直而慈愛者宜聽之耳未能行五帝之德也○商之至之齊商之遺聲也者此五字鄭云衍字者上已有商者五帝遺聲故此云商人識之故云謂之商矣○齊者三代之遺聲者前經云溫良而能斷者宜歌齊故此云齊者三代之遺聲也○齊人識之既識其音曲故謂之齊矣言三王德備五帝道盛但遺聲於後代故溫良而能斷者宜歌之言宜聽歌聲非謂能行三代之德也○明乎商之音者以其

肆直而慈愛故臨事屢斷也○明乎齊之音者見利而讓者以其温良能斷故見利而讓不私於己也○臨事而屢斷勇也者臨危疑之事數能斷割是勇也○見利而讓義也者言見利能讓是有義也○有勇有義非歌孰能保此者保猶安也知也故有勇有義之人不是歌聲辨之誰能知其有勇有義言觀其所宜之歌宜歌商者知其有勇宜歌齊者知其有義○故歌至貫珠此一經論感動人心形狀如此諸事○上如抗者言歌聲上饗感動人意使之如似抗舉也○下如隊者言音聲下響感動人意如似隊落之下也○曲如折者言音聲迴曲感動人心如似方折也○止如槀木者言音聲止靜感動人心如似枯槀之木止而不動也○倨中矩者言其音聲雅曲感動人心如中當於矩也○句中鉤者謂大屈也言音聲大屈曲感動人心如中當於鉤也○纍纍乎端如貫珠者言聲之狀纍纍乎感動人心端正其狀如貫於珠言聲音感動於人令人心想形狀如此○故歌至之也上論歌之形狀此論歌之始終相生至於舞蹈○故歌之為言也長言之也者言歌之為言引液其聲長遠而言之○說之故言之者此更覆說歌意前境有可說之事來感已情則言之○言之不足故長言之者直言之不足更宜暢已意故引液長言之也長言之不足故嗟歎之者以長言永歌之意猶不足故嗟歎

之美而和續之○嗟歎之不足故不知手之舞之足之蹈之也者言雖復嗟歎情由未滿故不覺揚手舞之擧足蹈之而手舞其體足蹈其地也之是助句辭也按詩云先嗟歎後云咏歌之此先云長言之後云嗟歎之文先後不同者何也但詩序是屬文之體又略言之故彼云言之不足故嗟歎之嗟歎之不足故永歌之此經委曲說歌之狀其言備具故言之言之不足故長言之長言之不足故後始云嗟歎之矣○注商宋詩也○正義曰以下文商人識之齊人識之皆據其代也故知此商謂宋人所歌之詩宋是商後也○注云商至處也○正義曰此經中商之遺聲也五字言無此五字以上經云商者五帝之遺聲故此經不得更有商之遺聲也故知衍字云商者五帝之遺聲也當居此衍字處也者前云商者五帝之遺聲當居此商之處也

附釋音禮記注疏卷第三十九

盧宣旬校

皇清嘉慶二十年重刊宋本用文選樓藏本校定

江西南昌府學栞

禮記注疏卷三十九挍勘記　阮元撰盧宣旬摘錄

樂記

今夫新樂節

及優侏儒　閩監毛本同岳本同衞氏集說同陳澔集說同惠棟挍宋本儒作儒石經宋監本嘉靖本同釋文出儒云音儒

獶雜子女　各本同石經同盧文弨云獶當作獿按釋文亦作獶云依字亦作猱○按依說文當作夒猱即夒字夒聲柔聲古音同部

今夫至發也　惠棟挍宋本無此五字

此經明子夏　閩監毛本同惠棟挍宋本此經上有正義曰三字

對文侯新樂之禮　惠棟挍宋本同閩監毛本禮誤體衞氏集說同

俱曲屈進退而已　閩監毛本同惠棟挍宋本曲屈作屈曲

今君之所問者樂也節　惠棟云今君之所問節宋本分文侯曰以下另爲一節

鏗鏘之類　閩監毛本同岳本同嘉靖本同衞氏集說同釋文鏘作鎗

今君至何如　惠棟挍宋本無此五字

前兩經　閩監毛本同考文云宋板上有正義曰三字

謂音聲也　考文云宋板作也此本也字闕閩監毛本也作耳

音則心邪聲亂　閩監本同毛本心聲二字互誤

○文侯曰　閩監本同毛本○誤古考文云宋板無古字

子夏對曰夫古者節

當謂樂不失其所　各本同盧文弨云史記集解無樂字○案正義亦無樂字

照臨四方曰明 各本同釋文出炤臨云本亦作照

子夏至謂也 惠棟挍宋本無此五字此本○下脫正義曰三字

今君之所好者節

今君至出也 惠棟挍宋本無此五字

上既云 閩監毛本同惠棟挍宋本上有正義曰三字

子夏對曰鄭音好濫節

齊音敖辟 各本同石經同釋文出傲云字又作敖○按古多假敖爲傲

子夏至用也 惠棟挍宋本無此五字

此一節 閩監毛本同惠棟挍宋本上有正義曰三字

好濫相偷竊 閩監毛本同衛氏集說同惠棟挍宋本濫作比

詩云肅雝和鳴節

肅雍和鳴閩監毛本同石經同岳本同嘉靖本同衛氏集說雍作雝陳澔集說同石經考文提要云按詩考列之詩異字異義中宋大字本宋本九經南宋巾箱本余仁仲本劉叔剛本並作雍雍下雍雍和也同

此一節閩監毛本同惠棟挍宋本上有正義曰三字

爲人君者節

此經明子夏閩監毛本同惠棟挍宋本上有正義曰三字

釋言文也惠棟挍宋本此下標禮記正義卷第四十八終記云凡二十七頁

然後聖人作爲節惠棟挍宋本自此節起至子贛見師乙而問焉節止爲第四十九卷卷首題禮記正義卷第四十九

壎篪閩本同惠棟挍宋本宋監本石經岳本衛氏集說釋文同監毛本篪誤箎嘉靖本同注放此疏同

謂祝敔也各本同釋文出圉云本又作敔○按敔正字圉假借字

或爲簨虡閩監毛本同岳本衛氏集說同釋文亦作虡嘉靖本虡作簴考文云足利本同○按說文作虡隸省作虡俗從竹

然後鍾磬竽瑟閩本同嘉靖本同衛氏集說同監毛本鍾作鐘石經同岳本同下鍾聲鏗聽鍾聲並同疏放此

然後至序也惠棟挍宋本無此五字

篪七室塤六孔閩監本同衛氏集說同惠棟挍宋本室作空毛本同塤誤堉盧文弨云空即孔字

故周語單穆云惠棟挍宋本有公字衛氏集說同此本公字脫閩監毛本同

鍾聲鏗節

鍾聲至武臣惠棟挍宋本無此五字

則其號必充滿於萬物矣閩監毛本同惠棟挍宋本滿作徧

石聲磬節

石聲至之臣惠棟挍宋本無此五字

此一經閩監毛本同考文云宋板上有正義曰三字下疏皆放此

故讀聲音馨然矣閩本同監本聲作馨毛本聲作磬

竹聲濫節

君子聽竽笙各本同毛本竽誤竿

竹聲至之臣惠棟挍宋本無此五字

鼓鞞之聲讙節

鼓鼙至之臣 惠棟挍宋本無此五字

故使人意動作也 閩監本同毛本意動二字倒

君子之聽音節

非聽其鏗鎗而已也 惠棟挍宋本宋監本石經岳本同考文引古本足利本同閩監本也字同鎗作鏘嘉靖本同衛氏集說同毛本鎗作鏘也誤矣釋文亦作鎗石經考文提要云宋大字本宋本九經南宋巾箱本余仁仲本劉叔剛本並作鏗鎗史記樂書同

君子至之合也 惠棟挍宋本無此六字此本○下脫正義曰

非徒聽其音聲鏗鎗而已 惠棟挍宋本同閩監毛本鎗作鏘衛氏集說同

賓牟賈侍坐於孔子節 惠棟云賓牟賈節咏歎之節賓牟賈起節子曰居節宋本合爲一節

賓牟賈 牟字各本並從牛惟此本及閩本從午作牟下經疏並同石經此牟字從干作牟下賓牟賈起又從牛作牟按從牛是

賓牟至衆也 惠棟按宋本無此五字

此以下王事 惠棟按宋本閩監毛本王作五

咏歎之節

咏歎之 各本同石經同嘉靖本歎作嘆釋文出咏嘆云音歎

事戎事也 閩監毛本同嘉靖本同衛氏集說同岳本戎作伐考文引足利本同

荒老耄也 各本同釋文耄作旄下同○按依說文當作薹

咏歎至是也 惠棟按宋本無此五字

此是賓牟賈荅孔子之詞 閩監毛本同惠棟按宋本詞作辭下此亦賓牟賈對詞此

亦孔子問詞並同

象武王伐紂 閩監本同毛本伐誤代

謂非是武樂之音 閩監毛本同惠棟挍宋本音作意

是文王崩後六年伐紂 惠棟挍宋本作是此本是字漶滅閩監毛本是誤時

子男子之美稱 閩監毛本同考文云宋板無下子字

賓牟賈起節

敢問遲之遲 各本同石經遲並作遟釋文同下倣此

是賓牟賈問詞也 閩監毛本同惠棟挍宋本詞作辭

前經是夫子之問 惠棟挍宋本作子此本子字漶滅閩監毛本子誤武

子曰居節

吾語女　惠棟挍宋本作女石經宋監本岳本嘉靖本同衞氏集說同釋文出女云音汝下且女同此本女作汝閩監毛本同按下且女此本及三本並作女則此處女字不當岐出作汝

大公之志也　各本同石經同釋文亦作大毛本大作太

放象其成功者也　惠棟挍宋本同閩監毛本放作倣衞氏集說同

且夫武始而北出節

五成而分周公左　各本同石經同考文云古本分下有陝字孫志祖挍云按史記樂書本家語辨樂解皆有陝字

始奏象觀兵盟津時也　閩監毛本同嘉靖本同岳本盟作孟衞氏集說同釋文出孟津云本亦作盟

且夫至以崇　惠棟挍宋本無此五字

此一經孔子閩監本同衛氏集説同毛本經作節惠棟挍宋本上有正義曰三字

則前云三步以見方見一成也惠棟挍宋本見作是此本誤閩監毛本同衛氏集説無則字是一成也作此是一成也

舞者從北頭第一位却至第二位惠棟挍宋本作北頭第一位衛氏集説同此本一誤二閩本同監毛本一誤二二誤三却字閩本同監毛本作郤衛氏集説同

天子夾振之節惠棟云天子節分夾而進節宋本合爲一節

天子至國也惠棟挍宋本無此五字

王與大將親自執鐸惠棟挍宋本同衛氏集説同閩監毛本王誤正

具如熊氏之説惠棟挍宋本同閩監毛本具誤俱

分夾而進節

庶民弛政各本同石經同嘉靖本弛作弛注同

車甲衅而藏之府庫史記衅作弢

包之以虎皮史記包作苞

反商當爲及字之誤也惠棟挍宋本無商岳本同嘉靖本同衞氏集說同考文引足利本同此本反下衍商字閩監毛本同

封紂子武庚於殷墟各本同釋文出殷虛云音墟○按虛墟古今字

分夾至兵也惠棟挍宋本無此五字

武王旣入立於社南閩監毛本同惠棟挍宋本無於字

虎皮武猛之物也閩監本同毛本武猛二字到

反當至約也惠棟挍宋本同閩監毛本當誤商

聘于鄭公孫段云請垂橐　閩本同惠棟按宋本同監毛本段誤假

散軍而郊射節　惠棟按云散軍節若此節宋本合爲一節

散軍至弟也　惠棟按宋本無此五字

此一經　惠棟按宋本上有正義曰三字

鄭注射義云一發五豝　閩監毛本同惠棟按宋本一作壹

亦還國而耕也　監毛本同衛氏集說同閩本耕作教惠棟按宋本同

爲射宮於郊者也　閩監毛本同考文引宋板者也作也者

其餘爲埤　閩監毛本同衛氏集說同惠棟按宋本埤作裨按儀禮覲禮注作裨

君子曰禮樂節　惠棟按云君子節治禮以治躬節宋本合爲一節

善心生則寡於利欲　史記集解引上有若字

君子至者也　惠棟挍宋本無此五字

云油然新生好貌也　閩監本同毛本也誤此者

書傳箕子歌云　惠棟云箕子當作微子宋本及史記俱作箕子

致禮以治躬節

鄙詐是貪多詐僞　閩監毛本作鄙詐是貪多利僞生惠棟挍宋本作鄙詐入之謂利欲生宋監本岳本嘉靖本同考文引古本足利本同衞氏集說作鄙詐入之謂利僞生。按史記集解引謂利欲生四字

致禮至之矣　惠棟挍宋本無此五字

而治躬謂致禮意　閩監毛本同惠棟挍宋本本治躬謂致作聖王詳審衞氏集說同

前經明致樂治心則向善心生　閩監毛本同惠棟挍宋本作前經明致樂治心得則善心生

而有鄙詐僞之心入於內矣　閩監毛本同衛氏集説同惠棟挍宋本無入字

故樂也者節

而民不生易優焉　各本優作慢石經同此本誤

故樂至承順　惠棟挍宋本無此五字

此一經　惠棟挍宋本上有正義曰三字

故極盆於和也　閩監毛本同衛氏集説亦作盆惠棟挍宋本盆作盡下故極盆於順也同

故曰致禮樂節

故曰至難矣　惠棟挍宋本無此五字

此一經　惠棟挍宋本上有正義曰三字

樂也者動於內者也節　惠棟挍云樂也者節夫樂者節故人節宋本合爲一節

放淫聲惠棟挍宋本宋監本並有於字岳本嘉靖本同衛氏集說同此本於字脫閩監毛本同○按史記集解引有於字

報讀曰褒猶進也閩監毛本同惠棟挍宋本曰作爲考文引宋板同褒字重作報讀爲褒褒猶進也古本足利本同岳本同嘉靖本同衛氏集說同宋監本亦重褒字

樂也至一也惠棟挍宋本無此五字

此一節論樂之體閩本同考文引宋板樂作禮監毛本作此一節論禮樂之體衛氏集說同惠棟挍宋本此上有正義曰三字

夫樂者樂也節

夫樂至此矣惠棟挍宋本無此五字

前嗟嘆之閩監毛本同惠棟挍宋本前作則衛氏集說亦作則嗟歎

故人不耐無樂節

故人不耐無樂各本同石經耐字剜刻釋文出而耐其而字應作不疑傳寫之誤

不能無喜樂也閩本同惠棟挍宋本同監毛本喜誤善

言經之耐字閩監本同毛本經誤今

先王恥其亂節

曲直繁瘠各本同石經瘠字殘闕釋文出繁瘠九經古義云荀子瘠作省按省與眥通眥猶瘠也故字亦作瘠尋文義繁省爲長

先王至方也惠棟挍宋本無此五字

此一節惠棟挍宋本上有正義曰三字

邪氣謂淫邪之氣惠棟挍宋本作淫此本淫誤湍閩監毛本同

是故樂在節

是故至方也　惠棟挍宋本無此五字

此一經　惠棟挍宋本此上有正義曰三字

言近以至親遠　補案親字誤衍

故聽其雅頌之聲節

故聽至免也　惠棟挍宋本無此五字

揔要之所言　閩本同惠棟挍宋本同監毛本言作名衞氏集說同下揔要之所言也同

自然敬畏也　惠棟挍宋本畏作愛此本誤閩監毛本同

紀是綱紀衆物之名　閩監毛本同惠棟挍宋本綱紀衆作細繩束

夫樂者先王節

禮樂王者所常興則盛矣閩監毛本同衞氏集說同惠棟按宋本矣作也岳本嘉靖本宋監本並同

夫樂至盛矣惠棟按宋本無此五字

子贛見師乙而問焉節

子贛閩監毛本同岳本同嘉靖本同石經贛作贑衞氏集說同釋文同宋監本作貢

而吾子自執焉此下經注各本及石經並同惟考文云宋板自執焉下接寬而靜云云而慈愛下接者宜歌商云云五帝之遺聲也下接商人識之云云按各本經文刪去一愛字及商之遺聲也五字又刪去注此文換簡以下五十七字及云商之遺聲也以下三十字山井鼎云宋本此經次序與諸本異注亦有闕略蓋隨注意改其次序併刪去注文也按陳澔集說本經文自而吾子自執焉以下至商人識之以上多所倒置蓋依用輿國于氏本亦與宋板合

商宋詩也按史記集解上有肆正也三字諸本並脫

下如隊　閩監毛本同岳本同嘉靖本同衛氏集說同釋文出如隊石經隊作墜○按隊墜古今字

上下同美之也　閩監毛本同嘉靖本同衛氏集說同惠棟挍宋本同作目岳本同

子貢至問樂　惠棟挍宋本無此五字

各逐人性所宜者也　惠棟挍宋本同閩監毛本逐誤遂衛氏集說同

如賜同者宜何歌也者　閩本同惠棟挍宋本同監本空闕同字毛本同字無

如賜同之氣性宜作何歌　閩本同惠棟挍宋本同監本闕同字毛本同字無氣誤人

大雅者歌其大正　閩監本同毛本正誤雅下王者小正同

謂情性肆放　惠棟挍宋本肆誤四

言能直己陳德　閩監毛本同惠棟挍宋本無能字

未能行五帝之德也　閩監毛本同惠棟挍宋本帝作常

言聲音感動於人聲 閩監毛本同惠棟挍宋本聲音作音

言雖復嗟歎情猶未滿 惠棟挍宋本作猶衛氏集說同此本猶作由閩監毛本同

按詩云先嗟歎 閩監本同毛本云先作先云

故永歌之 閩監毛本永作咏

附釋音禮記注疏卷第三十九 惠棟挍宋本禮記正義卷第四十九終記云凡二十六頁宋監本禮記卷第十一經六千四百九十五字注五千五百字嘉靖本禮記卷第十一經六千四百九十五字注五千五百三十三字

禮記注疏卷三十九校勘記

附釋音禮記注疏卷第四十

禮記　鄭氏注　孔穎達疏

雜記上第二十○陸曰鄭云雜記者以其雜記諸侯及士之喪事【疏】正義曰按鄭目録云名曰雜記者以其雜記諸侯以下至士之喪事此於別録屬喪服分爲上下義與曲禮檀弓分別不殊也

諸侯行而死於館則其復如於其國如於道

則升其乘車之左轂以其綏復館主國所致舍復招魂復魄也如於道道上其國主國館賓予○使有之得升屋招用褎衣也如於廬宿也升車左轂象升屋東榮綏當爲緌讀如蕤賓之蕤字之誤也緌謂旌旗之旄也去其旒而用之異於生也○乘繩證反下及注同轂工木反綏依注作緌耳佳反下及注同復音伏下同予羊汝反褎本又作襃保毛反後皆同去起呂反下去轎同【疏】正義曰自此以下至蒲席以爲裳帷揔明諸侯及大夫士在路而死招魂復魄并明飾棺貴賤之等此一經下至廟門外論諸侯之制今各依文解之○諸侯

行而死於館者謂五等諸侯朝覲天子及自相朝會之屬而
死者謂諸侯於時或在主國死於館者謂主國有司所授館
舍也○則其復如於其國者其復謂招魂復魄也雖在他國
所授之舍若復魄之禮則與在已本國同故云如於其國也
如於道則升其乘車之左轂者如若也道路也謂若諸侯在
道路死則復魄與本國異也乘車其所自乘之車也其復魄
則俱升其所乘車左邊轂上而復魄也此車以南面爲正則
左在東也升車左轂象在家升屋東榮也其五等之復人數
各如其命數今轂上狹則不知以幾人崔氏云一人而已○
以其綏復者綏旌旗綏也若在國中招魂則衣各用其上服
今在路死則招用旌旗之綏是在路則異於在國故云於道
用之亦冀魂魄望見識之而還也若王喪於國而復於四郊
亦建綏而復周禮夏采云以乘車建綏復于四郊是也○注
館主至生也○正義曰館主國所致舍者按曾子問云公館
與公之○所爲曰公館是主國館賓之舍也云與使有之者謂
主國與賓此舍使賓專自有之故得升屋招魂復用褒衣也
褒衣者天子褒賜之衣即下文復用褒衣是也云如於道道
上廬宿也者按遺人云凡國野之道十里有廬三十里有宿
五十里有市故云道上廬宿也云升車左轂象升屋東榮者
車轅嚮南左轂在東故象東榮不於廬宿之舍復者廬宿供

待衆賔非死者所専有故復於乘車左轂云綏當爲緌讀如蕤賔之蕤者但經中綏字絲旁著妥其音雖訓爲委○此復之所用者是緌也緌絲旁著委故云綏當爲緌讀此緌字爲蕤賔之蕤者音與蕤賔字聲同也以經作綏故云字之誤也綏謂旌旗之旄也者按夏采云乘車建綏復于四郊乘車玉路當建大常今乃建綏無大常也明堂位云有虞氏之緌夏后氏之旂後王文飾故知有虞氏之緌但有旄也云去其旒而用之異於生也者諸侯建交龍之旂今以其綏復是去其旒異於生也

其輤有裧緇布裳帷素錦以爲屋而行

輤載柩將殯之車飾也輤取名於櫬與蒨讀如蒨旆之蒨櫬棺也蒨染赤色者也將葬載柩之車飾曰柳裧謂鼈甲邊緣緇布裳帷圍棺者也裳帷用緇則輤用赤矣輤象宮室屋其中小帳襯覆棺者若未大斂其載尸而歸車飾皆如之○輤千見反注與蒨同裧昌占反緇裳帷本或作緇布裳帷殯必刃反本或作賔音同櫬初靳反又楚陣反與蒨絶句一本作輤讀以與字絶句與則音餘蒨旆上千見反下步貝反緣說絹反

疏　正義曰此一經明諸侯車飾輤謂載柩之車有裧者謂輤之四旁有物裧垂象鼈甲邊緣○緇布裳帷者輤下棺外用緇色之布以爲裳帷以圍繞棺也

素錦以爲屋者於此裳帷之中又用素錦以爲屋小帳以覆棺而行者於死處既設此飾而後行○注輤載至如之○正義曰輤載柩將殯之車飾也者以下經云遂入適所殯是將殯車飾也云輤取名於櫬與蒨者言此車所以名輤凡有二義一者取名於櫬櫬近尸也二取名於蒨蒨草也故云取名於櫬與蒨云讀如蒨旆之蒨者言經中輤字讀如蒨旆之蒨按左傳定四年祝鮀云封康叔以綪茷謂以蒨草染旆爲赤色故讀此輤與彼同是亦蒨草以染布也云櫬棺也者覆說取名於櫬義也云蒨染赤色者也者說取名於蒨草之義也云將葬載柩之車飾曰柳者證此經中輤非將葬車也云裧謂鼈甲邊緣者覆說輤象鼈甲覆於棺上中央隆高四面漸下裧象邊緣垂於輤之四邊與輤連體則亦赤也若葬車之飾則上用荒不用輤也云裳帷用緇則輤用赤矣者前雖讀輤爲蒨草其色未明今因裳帷用緇故知定輤爲赤色以玄纁相對之物故以赤色對緇也但玄纁天地之色取象不同或上或下非一例也要玄纁是相對之色云若未大斂其載尸而歸車飾皆如之者此經所論謂大斂後也故下云適所殯若未大斂則曾子問云尸入門升自阼階不得云適所殯也知未大斂之前車飾亦然者以載尸柩車飾經唯有此一文故知其飾同也

至於廟門不毀

牆遂入適所殯唯輤爲說於廟門外廟所殯宮牆裳帷也

適所殯謂兩楹之間去輤乃入廟門以其入自有宮室也毀或爲徹凡柩自外來者正棺於兩楹之間尸亦俠之於此皆因殯焉異者柩入自闕升自西階尸入自門升自阼階其殯必於兩楹之間者以其死不於室而自外來留之於中不忍遠也○說吐奪反本亦作脫下并注皆同俠音夾隱義云俠之言移也庾依韻集大兮反息也遠于萬反〔疏〕正義曰此一經明諸侯禮載柩入制也○至於廟門者謂殯宮門也○不毀牆者牆謂裳帷但毀去上輤不毀去牆帷○遂入適所殯者遂入殯宮正柩於兩楹之間而遂殯焉○唯輤爲說於廟門外者者言餘物不說唯輤一物脫於殯宮門外○注廟所至遠也○正義曰廟所殯宮者以殯之所在故謂爲廟云牆裳帷也者鄭恐是宮牆之嫌故云牆裳帷也以飾棺之物稱牆門是入自門也云適所殯在兩楹之間者以死在外來故殯於兩楹間云去輤乃入廟門以其入自有宮室也者解經所以去輤乃入之意輤乃覆棺上象宮室今入之有宮室故云輤也不去裳帷者以裳帷鄣棺未可去也云凡柩自外來者正棺於兩楹之間者按公羊定元年癸亥公之喪至自乾侯正棺於兩楹之間然後即位鄭以是推之則知尸

自外來者亦停於兩楹之間故尸亦俠之於此皆因殯焉云異者柩入自闕升自西階尸入自門升自阼階者皆曾子問文云留之於中不忍遠也者以周人殯於客位今殯於兩楹之間是不忍遠之也　○大夫士死於道則升其乘車之左轂以其綏復如於館死則其復如於家綏亦緌也大夫復於家以玄冕士以爵弁服大夫以布爲輤而行至於家而說輤載以輲車入自門至於阼階下而說車舉自阼階升適所殯大夫輤言用布白布不染也言輤者達名也不言裳帷俱用布無所別也至門亦說輤乃入言載以輲車入自門明車不易也輲讀爲輇或作槫許氏說文解字曰有輻曰輪無輻曰輇周禮又有蜃車天子以載柩蜃輇聲相近其制同乎輇崇蓋半乘車之輪諸侯言不毀牆大夫士言不易車互相明也不易者不易以楯也廟中有載柩以輴之禮此不耳○輲依注作輇及槫同市專反又市轉反注及下同別彼列反蜃慎忍反近附近之近楯勑倫反下同一本作輴同〔疏〕大夫

至所殯○正義曰此一經明大夫車飾也○大夫以布爲輤
者以白布爲輤不以蒨草染之亦言輤者通名耳是有輤櫬
近之義也○載以輲車者大夫初死及至家皆以輲車今至
家說輤唯輲車在故云載以輲車○入自門至於阼階下而
說車者謂說去其車矣○舉自阼階升適所殯者謂舉自阼
階下而升適兩楹之閒所殯之處此云升適阼階謂尸矣若
柩則升自西階○注大夫至不耳○正義曰云白布不染也
者以經云用布故知白布不染下經士輤葦席以爲屋蒲席
以爲裳帷以諸侯爲裳帷則知大夫亦有裳帷俱用布耳云
言輤者達名也者旣不用蒨草染之而言輤者輤是櫬近之
義通達於下是大夫與士皆有櫬近之名也云至門亦說輤
乃入言載以輲車入自門明車不易也者鄭以經云至於家
而說輤載以輲車恐至家乃載以輴車故云明車不易上云
不毁牆遂入入不云車不易此云載以輲車明車亦不易云輲
讀爲輇或作槫者言經之輲字當讀爲車旁之全或禮記諸
本此用輲車作木旁專字者云許氏說文解字曰有輻曰輪
無輻曰輇者有輻謂別施木爲輻無輻謂合大木爲之不施
輻曰輇云周禮又有蜃車天子以載柩者按周禮遂師職共
蜃車之役是天子以載柩也云蜃輇聲相近其制同乎者言
天子蜃車與此大夫輇車聲旣相近其制宜同故云其制同

乎云輇崇蓋半乘車之輪者此無文證以其蜃類蓋迫地而行其輪宜卑故疑半乘車之輪蓋疑辭矣周禮考工記乘車之輪六尺有六寸今云半之得三尺三寸也云諸侯言不毀牆大夫士言不易車互相明也者諸侯言不毀牆則大夫亦不毀牆大夫士言不易車明諸侯亦不易車云不易者不易以輴也者謂大夫士在路載以輲車至家說載亦載以輲車是不易以輴也若天子諸侯載柩以蜃車至門亦以蜃車其殯時則易之以輴也云廟中有載柩以輴車之禮此不耳者謂天子諸侯殯時用輴又天子諸侯及大夫朝廟之時有用輴車載柩之禮此喪從外來大夫士不合用輴故云此不耳凡在路載柩天子以下至士皆用蜃車與輲車同故周禮遂師共蜃車之役是天子也既夕○云遂匠納車于階間注云車載柩車周禮謂之蜃車雜記謂之團是士用蜃車也雜記云大夫載以輲車輲車則蜃車也是大夫用蜃車則諸侯不言亦可知其蜃車之形鄭注既夕禮云其車之轝狀如牀中央有轅前後出設輅○轝輅轝上有四周下則前後有軸以輪為輪許叔重說有輻曰輪無輻曰輲鄭又注周禮遂師云四輪迫地而行有似於蜃因取名焉此是蜃之制也上下通用在路載柩也輲車之制亦與蜃車同但不用輻為輪○天子諸侯殯皆用之故檀弓云天子菆塗龍輴謂畫轅為龍諸侯殯亦

用輴車不畫轅爲龍故喪大記云君殯用輴注云君諸侯也輴不畫龍大夫殯不用輴故鄭注喪大記大夫之殯廢輴是大夫不用輴士掘肂見衽是亦廢輴也其朝廟大夫以上皆用輴士朝廟用輁軸故既夕禮云遷於祖用軸鄭注云大夫諸侯以上有四周謂之輴天子畫之以龍是也輴與輁軸所以異者輴有四周輁軸則無故鄭注既夕禮云軸狀如轉轔刻兩頭爲軹軹狀如長牀穿桯前後著金而關軸焉是也

士輤葦席以爲屋蒲席以爲裳帷言以葦席爲屋則無素錦爲帳。葦于鬼反

疏正義曰此一經明士輤也。葦席以爲屋者謂用葦席屈之以爲輤棺之屋也蒲席以爲裳帷者又以蒲席以爲裳帷圍繞於屋旁也。注言以至爲帳。正義曰言以士云葦席以爲屋屋當帷帳之處故云無素錦爲帳矣然大夫無以他物爲屋之文則是用素錦爲帳矣與諸侯同按諸侯與大夫上有輤旁有裳帷內有素錦屋今士唯云葦席以爲屋蒲席以爲裳帷不云屋上所有之物據文言之葦席爲屋則當覆上輤處將蒲席爲裳帷接屋之四邊以鄣棺或可大夫既有素錦爲帳帳外上有布輤旁有布裳帷則士之葦席屋之外旁有蒲席裳帷則屋上當以蒲席爲輤覆於上但文不備也未知孰是故兩存焉 ○凡

訃於其君曰君之臣某死訃或皆作赴赴至也臣死其子使人至君所告之○訃音赴注及下同父母妻長子曰君之臣某之某死此臣於其家喪所主者○長丁丈反後長子皆同君訃於他國之君曰寡君不祿敢告於執事夫人曰寡小君不祿大子之喪曰寡君之適子某死君夫人不稱薨告他國君謙也○大音泰後大子同適丁歷反下文注適子其適宗適適妻並同

疏凡訃至某死○正義曰此一節揔明遭喪訃告於君及敵者并訃於鄰國稱謂之差各隨文解之○父母妻長子曰君之臣某之某死者上某是生者臣名下某是臣之親屬死者云君之臣姓某甲之父死也曰寡君至執事者以謙故稱寡君若云寡德之君雖復壽考仍以短折言之故云不祿不敢指斥鄰國君身故云敢告於執事也○夫人至某死者皆當云告於執事不言者略之故也○注君夫至謙也○正義曰按下曲禮云諸侯曰薨夫人尊與君同也今夫人與君同不稱薨者以告他國之君及夫人自謙退是不敢從君及夫人之禮也按下曲

禮篇云士曰不祿今雖謙退而同士稱者按異義今春秋公羊說諸侯曰薨訃於鄰國亦當稱薨經書諸侯言卒者春秋之文王魯故稱卒以下魯古春秋左氏說諸侯薨赴於鄰國稱名則書名稱卒卒者終也取其終身又以尊不出其國許君謹按士虞禮云尸服卒者之上服不分别尊卑皆同年卒者卒終也是終没之辭也鄭駁之云按雜記上云君薨訃於他國之君曰寡君不祿曲禮下曰壽考曰卒短折曰不祿今君薨而云不祿者言臣子於君父雖有考終眉壽猶若其短折然若君薨而訃者曰卒卒是壽終矣斯無哀惜之心非臣子之辭鄰國來赴書以卒者言無所老幼皆終成人之志所以相尊敬如異義所論是君稱不祿之意若杜元凱注左氏傳則與此異按隱三年聲子卒傳云不赴故不曰薨杜云鄰國之赴魯史書卒者臣子惡其薨名改赴書也如鄭此云不祿謂赴者口辭矣春秋所云薨謂赴書之策所以不同者言壽考曰卒短折曰不祿杜以爲禮記後人所作不正與春秋同杜所不用也

大夫訃於同國適者曰某不祿訃於士亦曰某不祿訃於他國之君曰君之外臣寡大夫某死訃於適者

曰吾子之外私寡大夫某不祿使某實訃於士亦曰吾子之外私寡大夫某不祿使某實

適讀爲匹敵之敵謂爵同者也實當爲至此讀周秦之人聲之誤也。適依注音敵大歷反下適者同實依注音至下同

〔疏〕。正義曰此一經明大夫之卒相訃告之禮也。適者曰某不祿者謂同國大夫位相敵者曰某不祿。訃於至不祿者大夫既尊於士士處亦得稱不祿稱某者或死者之名或死者官號而赴者得稱之。訃於至外臣者大夫不屬他國故云外臣自謙退無德故云寡大夫某矣尊敬他君不敢申辭故云某死。訃於至某實者訃於適者謂大夫死訃於他國大夫相敵體者謂訃告大夫以是別國私有恩好故曰外私以赴大夫其辭得申故云某不祿以身赴告故云使某實。訃於士至某實者謂大夫之喪訃他國之士其辭與訃大夫同此所云大夫者上下皆同曰大夫無以爲異也

士訃於同國大夫曰某死訃於士亦曰某死

訃於他國之君曰君之外臣某死訃於大夫

曰吾子之外私某死訃於士亦曰吾子之外私某死〔疏〕正義曰此一經論士喪相訃告之稱云某死者以其士賤赴大夫及士皆云某死若訃他國之君及大夫士等皆云某死但於他君稱外臣於大夫大夫士言外私耳

大夫次於公館以終喪士練而歸士次於公館公館公宮之舍也練而歸之士謂邑宰也練而猶處公館朝廷之士也唯大夫三年無歸也○朝直遙反下注同

大夫居廬士居堊室謂未練時也士居堊室亦謂邑宰也朝廷之士亦居廬

〔疏〕大夫至堊室○正義曰此一節明大夫士遭君喪次舍居處及歸還之節公館君之舍也大夫恩深祿重故為君喪居廬終喪畢乃還家也○士練而歸者謂邑宰之士也士卑恩輕故至小祥而反其所治邑也○士次於公館者此謂朝廷之士也雖輕而無邑事故亦留次公館三年也○大夫居廬者以位尊恩重故居廬○士居堊室者士位卑恩輕故居堊室也○注公館至歸也○正義曰云練而歸之士謂邑宰也者以下文云士次於公館今云練而歸明是邑宰以為君治邑若久而不歸即廢其職事也若身為大夫

雖位得采地亦終喪乃歸也○注謂未至居廬○正義曰知此是未練時者按閒傳云斬衰之喪居倚廬既練居堊室此經若練後則大夫居堊室今云大夫居廬明未練時也云士居堊室亦謂邑宰也者士若非邑宰未練之前當與大夫同居廬今云居堊室故知是邑宰也必知邑宰者以上文云大夫終喪士練而歸言邑宰之士降於大夫此云士居堊室亦降於大夫故知是邑宰之士也云朝廷之士亦居廬者以臣爲君喪俱服斬衰故知未練之前士亦居廬也然周禮宮正注云親者貴者居廬疏者賤者居堊室引此雜記云大夫居廬士居堊室則是大夫以上定居廬士以下定居堊室此云朝廷之士亦居廬與彼不同者尋鄭之文意若與王親者雖云士賤亦居廬則此云朝廷之士亦居廬是也若與王無親身又是士則居堊室則此經士居堊室是也故鄭於宮正之注引此士居堊室證賤者居堊室也若與王親雖疏但是貴者則亦居廬也庾氏熊氏並爲此說熊氏或說云若天子則大夫居廬士居堊室則雜記言是也若諸侯則朝廷大夫士皆居廬也邑宰之士居堊室宮正之注是也此義得兩通故並存焉

大夫爲其父母兄弟之未爲大夫者之喪服如士服士爲其

父母兄弟之爲大夫者之喪服如士服大夫雖尊亦以
其服服父母兄弟嫌若踰之也士謂大夫庶子爲士者也已
卑又不敢服尊者之服今大夫喪服禮逸與士異者未得而
備聞也春秋傳曰齊晏桓子卒晏嬰麤衰斬苴絰帶杖菅屨
食粥居倚廬寢苫枕草其老曰非大夫之禮也曰惟卿爲大
夫此平仲之謙也言已非大夫故爲父服士服耳麤衰斬者
其縷在齊斬之間謂縷如三升半而三升不緝也斬衰以三
升爲正微細焉則屬於麤也然則士與大夫爲父服異者有
麤衰斬枕草矣其爲母五升縷而四升爲兄弟六升縷而五
升乎惟大夫以上乃能備儀盡飾士以下則以輕服君之斬
衰爲其父以臣從君而服之齊衰爲其母與兄弟亦以勉人
爲高行也大功以下大夫士服同○大夫爲其于僞反下士
爲其同注除爲士卿爲爲正皆倣此晏於諫反嬰一盈反衰
七雷反苴七餘反絰大結反菅古顏反屨九具反粥之六反
倚於綺反苫始占反枕之鴆反下同縷力住反齊音咨下齊
衰皆同緝七入反上
【疏】
時掌反行下孟反
正義曰此篇雜記喪事也經次上
下無義例科段今各依文解之此
一經明大夫士爲其父母昆弟之服也○注大夫至服同○
正義曰嫌若踰之也者大夫之父母兄弟或作士或無官今

記疏卷四十一

大夫爲之若著大夫之服是自尊踰越父母兄弟今不以大夫之服服父母兄弟是嫌畏踰之也云士謂大夫庶子爲士者也者此士解經中下文士爲之文知此士是大夫庶子爲士者若大夫適子雖未爲士猶服大夫之服即下文是也若其適子爲士則服大夫服可知故知此士爲父母之爲大夫者但服士服是庶子也所以不服大夫服者已卑不敢服尊者之服云今大夫喪禮逸與士異者未得而備聞也者欲見大夫與士喪禮殊異未甚分明引春秋傳者欲證大夫與士之喪服不同所引傳者襄十七年左傳文云齊晏桓子卒至唯卿爲大夫皆左傳辭也齊晏桓子卒者是晏嬰之父晏弱諡曰桓子也云晏嬰麤衰斬者桓子之子晏嬰身服麤衰而斬云苴絰帶杖者以苴麻爲首絰要帶以苴色之竹爲杖云菅屨者以菅草爲屨云食粥居倚廬寢苫者是喪禮之常枕草者非喪禮之文云其老曰非大夫之禮也者老謂晏嬰家臣見晏嬰服士服故其老言所服云非大夫之喪禮也云曰唯卿爲大夫者此晏嬰對家老之言若身爲卿得著大夫之服若身爲大夫惟得服士服云此平仲之謙也者言平仲之言非禮也謙退之辭云言已非大夫故爲父服士服耳者若是卿則得爲父服大夫服故云非從此以下皆鄭君解釋之辭云麤衰斬者其縷在齊斬之閒者按喪服初章斬衰次章

疏衰疏即麤也今言麤衰斬者是下嚮尚麤上嚮兼斬有麤故云麤衰斬者其縷在齊斬之間齊即麤也言其布縷在齊斬之間斬衰三升麤衰四升其布在三升四升之間故云縷如三升半言麤如三升半而計縷唯三升故云縷如三升半而三升不緝也但縷如三升半是麤衰不緝是斬而成布三升爲父之服也云斬衰以三升爲正微細焉則屬於麤也者解晏子實斬衰而兼言麤也云然則士與大夫爲父服異者有麤衰斬枕草矣者鄭旣約○左傳晏嬰之事始明大夫與士不同故云然則士與大夫爲父異麤衰枕草矣則大夫以上斬衰枕凷士則疏衰枕草按旣夕禮士禮而云枕塊者記者廣說非辭也云其爲母五升縷而四升爲兄弟六升縷而五升半者鄭旣約士之父服縷細降一等經文有母及兄弟故此約母與兄弟之服也喪服爲母四升此云爲母五升縷謂麤細似五升之縷成布四升喪服爲兄弟五升此云爲兄弟六升縷謂麤細如六升之縷成布五升皆謂縷細成布升數少也云唯大夫以上乃能備儀盡飾者大夫以上則兼天子諸侯德高能備儀服無降殺是盡飾云士以下則以臣服君之斬衰爲其父以臣從君而服之齊衰爲其母與兄弟者以喪服義服皆降正服一等今爲父母兄弟降從義服是卑屈也云以臣從君而服之齊衰爲其母與兄弟者按喪服臣從

君義服齊衰六升今士爲兄弟縷如六升成布五升得與臣
爲君義服齊衰同其士爲母父卒縷如五升成布四升與臣
爲君義服齊衰全異而云爲其母與臣爲君義服齊衰同者
前注所云因麤衰降斬衰一等即連言父卒爲母云縷如五
升成布四升據父卒爲母言之也此注以上爲兄弟與臣爲
君義服齊衰同則父在爲母與兄弟服亦同縷如六升而成
布五升據父在爲母言之爲此前後注異云亦以勉人爲高
行也者居喪之禮以服重爲申以服輕爲屈今大夫爲父母
兄弟之未爲大夫者服士服是勉勵其父母兄弟使爲高行
作大夫之禮士爲其父母兄弟之爲大夫者服士服亦是勉
勵士身使爲高行作大夫也云大功以下大夫士服同者以
經唯云父母兄弟士與大夫之異不云大功以下有殊是大
功以下與大夫同所以然者以重服情深故使士有抑屈使
之勉勵大功以下輕服情殺故上下俱申也按聖證論王肅
云喪禮自天子以下無等故曾子云哭泣之哀齊斬之情饘
粥之食自天子達且大國之卿與天子上士俱三命故曰一
也晉士起大國上卿當天子之士也平仲之言唯卿爲大夫
謂諸侯之卿當天子之大夫非謙辭也春秋之時尊者尚輕
簡喪服禮制遂壞羣卿專政晏子惡之故服麤衰枕草於當
時爲重是以平仲云唯卿爲大夫遜辭以辟害也又孟子云

諸侯之禮三年之喪齊疏之服飦粥之食自天子達於庶人三代共之又此記云端衰喪車皆無等又家語云孔子曰平仲可爲能遠於害矣不以己之是駁人之非遜辭以辟咎也王肅謂大夫與士異者大夫以上在喪斂時弁絰士冠素委貌馬昭荅王肅曰雜記云大夫爲其父母兄弟之未爲大夫者之喪服如士服是大夫與士喪服不同者而肅云無等則是背經說也鄭與言禮張融評云士與大夫異者皆是亂世尚輕涼非王者之達禮小功輕重不達於禮鄭言謙者不異於遠害融意以王肅與鄭其義略同如融之說是周公制禮之時則上下同當喪制無等至後世以來士與大夫有異故記者載之鄭因而解之禮是鄭學今申鄭義云端衰喪車無等者端正也正爲衰之制度上下無等其服精麤粗與大夫有異也又曾子云齊斬之情據其情爲一等無妨服有殊異耳若王肅之意大夫以上弁絰士唯素冠此亦得施於父母此經云爲昆弟豈亦弁絰素冠之異乎此是肅之不通也杜元凱注左傳說與王肅同服虔注左傳與端衰喪車無等其老之問晏子之荅皆爲非。並與鄭違今所不用也

大夫之適子服大夫之服仕至大夫賢著而德成適子得服其服亦尊其適象賢。著知慮反〔疏〕注仕至至象賢　正義曰云仕至

大夫賢著而德成適子得服其服者以經云大夫之適子服大夫之服所以然者以其父在仕官身至大夫賢行旣著道德又成故其適子雖未仕官得服大夫之服也云亦尊其適象賢者非但尊此大夫之身亦當尊其適子使服大夫之服也能象似其父之賢者皇氏云大夫適子若爲士爲其父唯服士服注云仕至大夫謂此子若仕官至大夫始得服大夫服以其賢德著成如皇氏之意解此仕至大夫爲大夫之子按前經注云士謂大夫庶子爲士者明大夫適子未仕官及爲士皆得服大夫之服皇氏之言適文背注不解鄭意其說非也

○大夫之庶子爲大夫則爲其父母服大夫服其位與未爲大夫者齒雖庶子得服其服尚德也使齒於士不可不宗適○爲去聲

疏 正義曰此一節明大夫庶子爲大夫則得爲父母服大大夫之服其位與未爲大夫者齒大夫庶子雖爲大夫得服大夫之服其行位之處與適子未爲大夫者相齒列○注雖庶至宗適○正義曰云尚德也者言此大夫之子身雖是庶所以得服者以其仕至大夫由身有德行故云尚德也云使齒於士不可不宗適者此庶子雖爲大夫猶齒列於適子之下其年雖長於適子猶在適子之下使適子爲主

若年少於適子則固在適子之下是不可不宗適也○士之子爲大夫則其父母弗能主也使其子主之無子則爲之置後大夫之子得用大夫之禮而士不得也置猶立也

疏 正義曰其父母弗能主也者士子身爲大夫若死則父母不能爲喪主也以身是士故不可爲大夫喪主○使其子主之者謂使此死者之子爲主以其子是大夫適子故得爲大夫之主以其服大夫服故也○無子則爲之置後者若死者無子則爲死者别置其後所置之後即大夫適子同得行大夫之禮此所置之後謂暫爲喪主假用大夫之禮若其大宗子則直爲之立後自然用大夫禮也○注大夫至得也○正義曰云大夫之子得用大夫之禮者則前云大夫之適子服大夫之服是也解經使其子主之文其子爲適子若無適子則以庶子當適處若無庶子則以族人之子當適子之處皆得用大夫之禮故云大夫之子得用大夫之禮摠結此文云而士不得也者其父是士不得主太夫喪故云而士不得也所以然者父貴可以及子故大夫之子得用大夫之禮子貴不可以及父故其父不得用大夫之禮大夫卜宅與葬日有司麻衣

布衰布帶因喪屨緇布冠不蕤占者皮弁有司卜人也麻衣白布深衣而著衰焉及布帶緇布冠此服非純吉亦非純凶也皮弁則純吉之尤者也占者尊於有司卜求吉其服彌吉大夫士朔服皮弁。著丁略反〔疏〕正義曰大夫卜宅與葬日者宅謂葬地大夫尊故得卜宅并葬日。有司至喪屨者有司謂卜人麻衣謂白布深衣布衰謂麤衰也皇氏云以三升半布爲衰長六寸廣四寸綴於衣前當胷上後又有負版長一尺六寸廣四寸布帶以布爲帶因喪屨謂因喪之繩屨。緇布冠不蕤者以緇布爲冠不加緌占者皮弁者謂卜龜之人尊於卜之有司故皮弁純吉也。注有司至皮弁。正義曰云麻衣白布深衣者謂吉服十五升之布與緇布冠皮弁相類故知吉布也云而著衰焉者熊氏云謂以吉布爲衰綴於深衣云及布帶緇布冠此服非純吉亦非純凶也者謂麻衣白布深衣十五升是吉布衰是凶布帶亦凶緇布冠是吉不蕤亦凶故云非純吉亦非純凶然緇布冠古法不蕤今特云緇布冠不蕤者以後代緇布冠有蕤此以凶事故不蕤云皮弁則純吉之尤者也者以上麻衣緇布冠雜有吉禮此皮弁是純吉尤甚者云卜求吉其服彌吉者解用皮弁之意云大夫上朔服皮弁者於諸侯是視朔之服於天子是視朝之服也**如筮則。史練冠長衣以筮占者朝服**筮者筮宅也謂下大夫若士也筮史筮人也長衣深衣之純以素也長衣練冠純凶服也朝服純吉服也大夫士日朝服以朝也。朝直遥反注及下文皆同純音準又之閏反【疏】正義曰如筮者謂下大夫及士不合用卜故知用筮也。則史練冠長衣者此謂無地大夫筮葬禮也唯筮宅卜日耳卜時緇布冠麻衣布衰雜以吉凶之服如筮則練冠長衣以筮輕故用純凶服也。占者朝服者卜重故占者皮弁筮輕故占者朝服。注筮者至朝也。正義曰筮者筮宅也謂下大夫若士也者以士喪禮云筮宅卜日故知此筮謂筮宅也云長衣深衣之純以素也者長衣深衣其制同耳言此經長衣是深衣之純以素者凶時深衣純以布上經麻衣深衣亦純以布此經長衣純以素故云長衣深衣之純以素○者也云長衣練冠純凶服也者以長衣則布衣純之以素也故聘禮云主人長衣練冠以受鄭注彼云長衣素純布衣是也練冠是小祥以後以練爲冠都無吉象故云純凶服云大夫士日朝服以朝也者謂緇衣素裳諸侯之朝服每日視朝之服按士喪禮云族長涖卜及宗人吉服鄭注云吉服服玄端也此占者朝服者彼謂士之卜禮故占者著玄端此據筮禮故占者朝服按士虞禮注云士之屬吏爲其長弔服加麻此史練冠長衣者此經文言大夫其臣爲大夫以布帶繩屨故史練冠長衣若士之卜史當從弔服不得練冠長衣也

大夫之喪既薦馬薦馬者哭踊出乃包奠而讀書

嫌與士異記之也既夕禮曰包牲取下體又曰主人之史請讀賵。纍音薦本又作薦賵芳鳳反

〔疏〕正義曰此明大夫將葬啟柩朝廟之後欲出之時。既薦馬者按士喪禮下篇云薦馬之節凡有三時一者柩初出至祖廟設奠爲遷祖之奠訖乃薦馬是其一也至日側祖奠之時又薦馬是其二也明日將行設遣奠之時又薦馬是其三也此云既薦馬謂第三薦馬之時也以下則云包奠而讀書於既夕禮當第三薦馬之節。薦馬者哭踊者謂主人見薦馬薦進也進馬至乃哭踊。出乃包奠者出謂馬出乃包奠者取遣奠牲下體包裹之以遣送行也然馬出在包奠之前而必云出乃包奠者明出即包奠包奠爲出之節故言出也。而讀書者書謂凡送亡者賵入椁之物書也讀之者省録之也。注嫌與至讀賵。正義曰嫌與士異者按既夕禮薦馬馬出之後云包牲取下體也又云主人之史請讀賵今此大夫亦薦馬出後包奠讀書與士同記者嫌畏大

夫之尊與士有異故特記之明與士同也故引既夕禮以下者證包牲讀賵之節謂主人見薦馬送行物而哭踊故云薦馬者哭踊也所以馬進而主人哭踊者馬是牽車爲行之物今見進馬是行期已至故孝子感之而哭踊云既夕禮曰包牲取下體者士則羊豕也鄭注包者象既饗而歸賔俎者也前脛折取臂臑後脛折取骼也臂謂膝上膊下也臑謂肘後取骼謂取膊下股骨也羊豕各三牲必取下體者下體能行亦示將行也有遣車者亦先包之也云又曰主人之史請讀賵者賵猶送者人名也

大夫之喪大宗人相小宗人命龜卜人作龜卜葬及日也相相主人禮也命龜告以所問事也作龜謂楊火灼之以出兆○相息亮反注同

【疏】正義曰大夫謂卿也明卿喪用人及卜之法也○大宗謂大宗伯也相佐威儀○小宗人命龜者小宗謂小宗伯也命龜謂告龜道所卜之辭也卜人亦有司作謂用楊火灼之也並皆有司也皇氏云大小二宗並是其君之職來爲喪事如司徒旅歸四布是也故宗伯肆師云凡卿大夫之喪相其禮○注卜葬及日也○正義曰知卜葬及日者以文承上大夫卜宅與葬日之下故知此經是上大夫之卜葬宅及日者也

内子以鞠衣褒衣

素沙下大夫以襢衣其餘如士此復所用衣也當在夫人狄稅素沙下爛脫失處在此上耳內子卿之適妻也春秋傳曰晉趙姬請逆叔隗於狄趙衰以爲內子而已下之是也下大夫謂下大夫之妻襢周禮作展王后之服六唯上公夫人亦有禕衣侯伯夫人自揄狄而下子男夫人自闕狄而下卿妻自鞠衣而下大夫妻自展衣而下士妻稅衣而已素沙若今紗縠之帛也六服皆袍制不禪以素紗裹之如今袿袍襈重繒矣褒衣鞠者始爲命婦見加賜之衣也其餘如士之妻則亦用稅衣○鞠九六反又曲六反注同襢張戰反復音伏狄稅他喚反下文放此爛力旦反脫音奪下同隗五罪反衰初危反下戶嫁反展張戰反下同禕音輝揄音遙下文并注同縠戶木反袍步羔反禪音丹袿音圭襈士眷反重直龍反繒疾陵反

【疏】正義曰此一節明卿大夫以下之妻所復之衣○內子以鞠衣褒衣素沙者內子謂卿妻復以鞠衣褒衣者始命爲內子尚所褒賜之衣衣復時亦用此衣故云鞠衣褒衣褒衣則鞠衣也但上命時褒賜故曰褒衣也○素沙者言此鞠衣褒衣亦以素沙爲裹○下大夫以襢衣者是下大夫之妻所復襢衣也對卿妻爲下故服用襢周禮作展王后之服六唯上公夫人亦有禕衣侯伯夫人自揄狄而下子男夫人自闕狄而

下卿妻自鞠衣而下大夫妻自展衣而下士妻稅衣而已六服皆袍制不禪以素紗裏之袍制謂連衣裳有表有裏似袍故云皆袍制不禪漢時有袿袍其袍下之襈以裏繒爲之古之服皆以素紗爲裏似此袿袍襈之裏繒故注云如今之袿袍襈重繒也○其餘如士者謂內子鞠衣褖衣已見於經大夫以襢衣亦見於經唯有褖衣未見故云其餘如士謂鞠衣襢衣之外其餘褖衣如士之妻士妻既用褖衣而復則內子下大夫妻等亦用褖衣也○注此復至稅衣○正義曰此復所用衣也者以下復諸侯以褒衣故知此亦復衣也云當在夫人狄稅素沙下者以記者作記當依尊卑順序此內子宜承夫人之下故云當在夫人狄稅素沙下也引春秋傳曰以下者僖二十四年左傳文也初晉文公在狄狄人以季隗妻文公以叔隗妻趙衰後文公反國以趙姬妻趙衰趙姬請趙衰逆叔隗於狄既逆還趙姬又請趙衰將叔隗爲內子趙姬之身卑下之故云而已下之引之者證卿妻爲內子之文也其王后以下之服已具於玉藻故此略而不言云六服皆袍制不禪以素紗裏之如今袿袍襈重繒矣者皆袍制謂連衣裳有表裏似袍故云皆袍制不禪漢時有袿袍其袍下之襈以重繒爲之故云六服以素紗爲裏似此袿袍襈重繒矣云褒衣者始爲命婦見加賜之之衣也者謂內子初始爲卿妻

加賜之以衣以褒崇之故云褒衣

復諸侯以褒衣冕服爵弁服復招魂復魄也冕服者上公五侯伯四子男三褒衣亦始命為諸侯及朝覲見加賜之衣也褒猶進也

【疏】正義曰自此以下至復西上總明諸侯以下及夫人命婦招魂所用之衣但此經爛脫上下顛倒如鄭所次以此諸侯褒衣一經為首次以夫人稅衣揄狄之經然後次內子以鞠衣之經今依鄭次各隨文解之○復諸侯以褒衣者謂復時以始命褒賜之衣○冕服爵弁服者諸侯既用褒衣又以冕服爵弁服而復也○注冕服至進也○正義曰冕服者上公自衮冕而下故為五侯伯自鷩冕而下故為四子男自毳冕而下故為三也凡服各依其命數則上公五冕之外更加爵弁服以下皮弁冠弁之等而滿九侯伯冕服之外亦加爵弁以下而滿七子男冕服之外加爵弁皮弁而滿五其褒衣君特所褒賜則宜在命數之外也故王制云三公一命衮若有加則賜是褒衣故不入命數也此褒衣或是冕之最上者

夫人稅衣揄狄狄稅素沙言其招魂用稅衣上至揄狄也狄稅素沙言皆以白紗縠為裏○稅他喚反下文放此揄音遙下文同縠戶木反下注同

【疏】正義曰此明婦人復衣也婦人衣有六也○夫人稅衣揄

狄者諸侯夫人復用稅衣上至揄狄謂諸侯伯夫人也○狄稅素沙者言從揄狄以下至於稅衣皆用素沙白縠爲裏○

復西上 北面而西上陽長左也復者多少各如其命之數○長丁丈反

疏 正義曰凡招魂皆北面而招以西頭爲上○注北面至之數○正義曰云北面而西上陽長左也者以招魂冀生氣之來生氣爲陽又北面言之南方是陽左在西方故言陽長左云復者多少各如其命之數者按士喪禮復者一人以爵弁服言諸侯之士一命而用一人明復者各依命數其復處不同故檀弓云君復於小寢大寢庫門四郊而云復西上者但有兩人以上一處復者則西上也

大夫不揄絞屬於池下 謂池飾也揄揄翟也采青黃之間曰絞屬猶繫也人君之柳其池繫絞繒於下而畫翟雉焉名曰振容又有銅魚在其間大夫去振容士去魚此無人君及士亦爛脫○絞戶交反注同屬音燭注及下條屬并注同翟音狄去起呂反下同

疏 正義曰此一經明大夫葬時車飾若諸侯以上則畫揄翟於絞屬於池下若大夫降人君不得畫以揄絞屬於池下其池上則畫於揄得有揄絞也故喪大記士亦有揄絞與大夫同但不得屬於池下○注人君至爛脫○正義曰按喪大記云君三池振容是人君之柳有振容振容者其

池繫揄繒於下而畫翟雉焉名曰振容云又有銅魚在其間者上有池下有振容池與振容之間而有魚故云在其間云大夫去振容士去魚者以喪大記大夫不振容士不云魚躍拂池故也大夫不振容者謂不以揄絞屬於池下爲振容云此無人君及士亦爛脱者以前經云復尊卑俱顯明也此直云大夫故云亦如前文爛脱君與士也

大夫附於士士不附於大夫附於大夫之昆弟無昆弟則從其昭穆雖王父母在亦然

附讀皆爲祔大夫祔於士士不敢以己尊自殊於其祖也士不祔於大夫自卑別於尊者也大夫之昆弟謂爲士者也從其昭穆中一以上祖又祖而已祔者祔於先死者○附依注作祔音同下並同昭常遥反卷內皆同別彼列反

【疏】正義曰自此以下至附於公子廣明祔祭之義各依文解之○大夫附於士者謂祖爲士孫爲大夫若死可以祔祭於祖之爲士者也○士不附於大夫者謂先祖爲大夫孫爲士不可祔祭於大夫唯得祔於大夫之兄弟爲士者○無昆弟則從其昭穆者謂祖爲大夫無昆弟爲士則從其昭穆謂祔於高祖爲士者若高祖爲大夫則祔於高祖昆弟爲士者○雖王父母在亦然者謂孫死之後應合祔於

王父王父見在無可祔然猶如是也亦如是祔於高祖也○注附讀至而已○正義曰祔者祔祭於神當從示旁爲之云大夫之昆弟謂爲士者也者鄭恐經云祔於大夫之昆弟恐大夫昆弟身作大夫士亦得祔之故云大夫昆弟爲士者若大夫昆弟全無者其孫雖士亦得祔之故前文云大夫祔於士是孫之尊可以祔祖之卑也云從其昭穆中一以上祖又祖而已者謂父爲昭子爲穆中猶間也謂自祖以上間一世各當昭穆而祖祔之若不得祔祖則間去曾祖一世祔於高祖若高祖無可祔則間高祖之父一世祔高祖之祖故云祖又祖而已是中一以上喪服小記文也

婦附於其夫之所附之妃無妃則亦從其昭穆之妃妾附於妾祖姑無妾祖姑則亦從其昭穆之妾夫所附之妃於婦則祖姑〔疏〕正義曰此一經論婦之所附義與夫同無妃則亦從其昭穆之妃者其孫婦祔祖姑祖無妃謂無祖姑則亦從其昭穆之妃謂亦間一以上祔於高祖之妃高祖無妃則亦祔於高祖之祖妃若其祖有昆弟之妃班爵同者則亦祔之**男子附於王父則配女子附**

於王母則不配配謂并祭王母不配則不祭王父也有事於尊者可以及卑有事於卑者不敢援尊配與不配祭饌如一祝辭異不言以某妃配某氏耳女子謂未嫁者也嫁未三月而死猶歸葬於女氏之黨○并必政反援音袁〔疏〕正義曰男子祔於王父則配者謂祭王父并祭所配王母○女子祔於王母則不配者謂在室之女及已嫁未三月而死祔祭於王母則不祭所配之王父○注配謂至之黨○正義曰云配謂并祭王母不配則不祭王父也者王父母相配之人祭王父及王母是其配祭王母不祭王父是不配云配與不配祭饌如一祝辭異不言以某妃配某氏耳者按特牲禮不云配少牢禮云以某妃配但上用特牲大夫用少牢其餘皆同是祭饌如一按少牢云以某妃配某氏鄭注云某妃某妻也某氏若言姜氏子氏也此是言配也不言配者若特牲云用薦歲事於皇祖某子不云以某妃配特牲雖是常祭容是禫月吉祭故不舉配云嫁未三月而死猶歸葬於女氏之黨者曾子問文也

公子附於公子不敢戚君〔疏〕正義曰公子者若公子之祖爲君公子不敢祔之祔於祖之兄弟爲公子者不敢戚君故也

○君薨大子號稱子待猶君也謂未踰年也雖

稱子與諸侯朝會如君矣春秋魯僖公九年夏葵丘之會宋襄公稱子而與諸侯序待或爲侍〔疏〕正義曰君薨謂先君薨也大子號稱子者其本大子君存稱世子今君既薨故稱子不言世子待猶君也者謂與諸侯竝列共待之禮猶如正君○注謂未至侯序○正義曰知未踰年者若踰年則稱君此云稱子故知未踰年者引春秋者證未踰年稱子及待猶君之義按僖九年二月宋公御説卒夏公會宰周云齊侯宋子以下于葵丘是宋襄公稱子序在齊侯之下與尋常宋公同是與諸侯序按公羊傳云君存稱世子君薨稱子某既葬稱子踰年稱公今宋襄公未葬君當宋子某而稱子者鄭用左氏之義未葬已前則稱子既葬已後踰年則稱公故僖九年傳云凡在喪王曰小童公侯曰子是未葬爲在喪之稱也若杜元凱之意未葬以前皆稱子若既葬雖未踰年亦稱公若未葬雖踰年猶子其義具在下曲禮疏其與諸侯序列宋襄公在喪稱子自在本班定四年陳懷公稱子進在鄭上僖二十八年陳共公稱子降在鄭下衞侯弟叔武稱子亦序在鄭下此皆春秋之時霸者所次不與此記同也

附釋音禮記注疏卷第四十

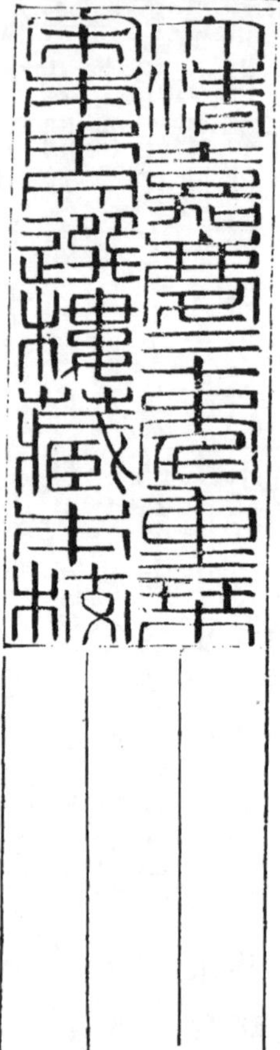

江西南昌府學栞

禮記注疏卷四十挍勘記　阮元撰盧宣旬摘錄

附釋音禮記注疏卷第四十　惠棟挍宋本禮記正義卷第五十

雜記上第二十

諸侯行而死於館節

如於道　各本同石經同毛本於誤其

予使有之　閩監毛本同岳本同嘉靖本同惠棟挍宋本予作與宋監本衞氏集說釋文考文引古本並同按正義亦作與

緌謂旌旗之旄也　惠棟挍宋本同岳本同嘉靖本同衞氏集說亦作緌閩監毛本緌誤綏

公館與公之所爲　補案曾子問無之字此誤衍也

緌旁者著妥　惠棟挍宋本著上無者字此誤衍閩監毛本同

其音雖訓爲委閩本委作安惠棟挍宋本同此誤委監毛本同

緌謂旌旗之旄也者閩監毛本同惠棟挍宋本緌作緌上有云字

其輤有裧節

輤取名於櫬惠棟挍宋本作櫬岳本同嘉靖本同釋文同此本櫬誤襯閩監毛本同衛氏集說同下櫬棺櫬覆並同疏放此

定四年祝鮀云閩監毛本同惠棟挍宋本鮀作佗

至於廟門節

唯輤爲說于廟門外者者補案下者字誤衍

今入之有宮室故云輤也閩監毛本同衛氏集說云作去是也

大夫士死於道節

輲讀爲輇或作槫 閩監毛本同岳本同嘉靖本同惠棟挍宋本槫作摶衛氏集說同釋文亦作槫齊召南云按周禮遂師注云蜃禮記或作槫或作輇賈疏引此注曰輲讀爲輇或作輇是賈所見禮記注本異也儀禮旣夕記納車於階間注云周禮謂之蜃車雜記謂之團或作輇或作槫聲讀皆相附耳未聞孰正是鄭所見本不同也按正義作槫不誤

不易以楯也 閩監毛本同惠棟挍宋本楯作輴岳本同嘉靖本同衛氏集說同釋文出以楯云一本作輴同

是有輤櫬近之義也 閩監毛本櫬作襯下櫬近同山井鼎云有輤疑輤有誤宋本此櫬从木下櫬近與今本同

或作槫者 閩監毛本同惠棟挍宋本槫作摶

旣夕云 閩監毛本同衛氏集說同惠棟挍宋本夕下有禮字

設輅輦輅輦上有四周閩監毛本同衛氏集說同浦鏜按輅輦輅改前後輅

以輪爲輪惠棟按宋本以輪作以軨衛氏集說同此本軨誤輪閩監毛本軨誤輻

但不用輻爲輪閩監毛本同段玉裁按云爲輪下疑脫輴字

士朝廟用輁軸惠棟按宋本作輁衛氏集說輁作輂此本輁誤軹閩監毛本同今正

輴與輁軸閩本同惠棟按宋本同衛氏集說輁作輂監毛本輁誤軹下輁軸則無輁狀如長牀並同

刻兩頭爲軹閩監毛本同衛氏集說同惠棟按宋本軹作軔

士輤葦席飾

以爲輤楯之屋也監本毛本有也字惠棟按宋本無

言以士云葦席以爲屋閩監本作云毛本云誤輤

凡訃於其君節

凡訃至某死　惠棟挍宋本無此五字

不分別尊卑皆同年卒者　閩監毛本同浦鏜挍云年當言字誤

杜所不用也　閩監毛本同惠棟挍宋本無也字

大夫訃於同國節

大夫至某實正義曰此一經明大夫之卒　惠棟挍宋本有上五字

士訃於同國節

士訃至某死正義曰　惠棟挍宋本有上五字諸本脫

大夫次於公館節

故在至室也　閩監毛本同惠棟挍宋無也字

大夫爲其父母節

今大夫喪服禮逸 閩監毛本同岳本同嘉靖本同惠棟挍宋本無服字宋監本衞氏集說同考文引古本足利本同

鄭旣約○左傳 補案約下○誤衍

是大功以下與大夫同 閩監毛本同考文云宋板大夫下有士字

皆爲非禮並與鄭違 惠棟挍宋本有禮字此本禮字脫閩監毛本同

如筮節

則史練冠長衣 各本同石經同考文云古本史上有筮字按注云筮史筮人也則經筮字當有

如筮者謂下大夫及士不合用卜 按如字疑郤字之譌

深衣之純以素○者也 補按者上○誤衍

大夫之喪大宗人相節

謂楊火灼之以出兆閩本同監毛本楊作揚岳本同嘉靖本同衛氏集說同考文引宋板亦作楊疏同

內子以鞠衣節坊本此節經文十九字移置狄稅素沙下用與國于氏本

自揄狄而下閩監毛本同岳本同嘉靖本同惠棟按宋本揄作褕衛氏集說同釋文出自揄與周禮內司服合○按褕正字揄假借字

自鞠衣而下閩本同惠棟按宋本同各本同監本自誤曰毛本自誤曰

尚所褒賜之衣閩監毛本同衛氏集說尚作上

素沙者閩監本同毛本沙作紗下亦以素沙爲裏同

是下大夫之妻所復禮衣也惠棟按宋本同閩監毛本復作服

以裏繪爲之惠棟按宋本裏作重衛氏集說同此本誤閩監毛本同

見加賜之之衣也者　補案之字誤重

謂內子初始爲卿妻　閩監毛本同惠棟挍宋本初下有嫁字

夫人稅衣節

揄狄　閩監毛本同石經同岳本同嘉靖本同衛氏集說揄作褕注同釋文上出自揄云下文并注同是釋文本亦作揄也

狄稅素沙　各本同石經同毛本沙誤紗注狄稅素沙同

大夫不揄絞節

大夫不揄絞　閩監毛本同石經同岳本同嘉靖本同衛氏集說揄作褕釋文同注放此

士不云魚躍拂池故也　惠棟挍宋本同閩監本云誤去毛本不云魚誤去魚不

婦附於其夫之所附之妃節

夫所附之妃閩監毛本同惠棟挍宋本附作祔岳本同嘉靖本同衛氏集說同

男子附於王父節

配謂并祭各本同監本并誤拜

君薨大子號稱子節

故知未踰年者閩監毛本同惠棟挍宋本者作也

宰周云齊侯宋子以下于葵邱惠棟挍宋本云作公此本誤閩監毛本同

今宋襄公未葬君當宋子某惠棟挍宋本宋作稱此本稱誤宋閩監毛本同

若未葬雖踰年猶子惠棟挍宋本子上有稱字此本稱字脫閩監毛本同

禮記注疏卷四十挍勘記

附釋音禮記注疏卷第四十一

鄭氏注　孔穎達疏

雜記上

有三年之練冠則以大功之麻易之唯杖屨不易謂既練而遭大功之喪者也練除首絰要絰葛又不如大功之麻重也言練冠易麻互言之也唯杖屨不易言其餘皆易也屨不易者練與大功俱用繩耳○要一遥反【疏】有三至不易○正義曰此一經明先有三年練冠之節今遭大功之麻易之先師解此凡有三義按聖證論云范宣子之意以母喪既練遭降服大功則易衰以母之既練衰八升降服大功衰七升故得易之其餘則否賀瑒之意以三等大功皆得易三年練衰其三等大功衰雖七升八升九升之布有細於三年之練衰以其新喪之重故皆易之皇氏云或不易庾氏之說唯謂降服大功衰得易三年之練其餘七升八升九升之大功則不得易三年之練今依庾說此大功者時據降服大功也故下文云而祔兄弟之殤雖論小功之

兄弟而云降服則知此大功之麻易據殤也○有三年之練冠者謂遭三年之喪至練時之冠以首經已除故特云冠○則以大功之麻易之者初死者是降服大功則以此大功之麻易三年之練○唯杖屨不易者言大功無杖無可改易三年練與大功初喪同是繩屨故杖屨不易○注謂既至繩耳正義曰云練除首經者閒傳文首經既除故著大功麻經云要經葛又不如大功之麻重也者斬衰既練要經與大功初死要經麤細同斬衰是葛大功是麻故云要經葛又不如大功之麻重也云言練冠易麻互言之也者麻謂經帶大功言經帶明三年練亦有經帶三年練云冠明大功亦有冠是大功冠與經帶易三年冠及經帶故云互言之云唯杖屨不易言其餘皆易也者經既言冠言麻以明換易又云杖屨不易則知衰亦在易中故言其餘皆易謂冠也要帶也衰也言悉易也然練之首經除矣無可易也又大功無杖亦無可易也而云易與不易者因其餘有易者連言之

有父母之喪尚功衰而附兄弟之殤則練冠附於殤稱陽童某甫不名神也此兄弟之殤謂大功親以下之殤也斬衰齊衰之喪練皆受以大功之衰此謂之功衰以是時而祔大功親以下之

殤大功親以下之殤輕不易服冠而兄爲殤謂同年者也兄十九而死已明年因喪而冠殤童謂庶殤也宗子則曰陰童童未成人之稱也某甫且字也尊神不名爲之造字○衰七雷反冠古亂反稱尺證反【疏】有父至神也○正義曰此一經明已有父母之喪既練之後得祔兄弟小功之殤尚功衰者衰謂三年練後之衰升數與大功同故云功衰今已有父母之喪猶尚身著功衰今兄弟有殤在小功者當須祔祭故云而祔兄弟之殤則練冠祔於殤者小功以下既輕不合改練時之服則身著練冠祔祭於殤○稱陽童某甫不名神也者當祔祭此殤之時其祝辭稱此殤曰陽童又稱此殤曰某甫所以不呼其名者尊神之也故爲之造字稱曰某甫且字也○注此兄至造字○正義曰知大功親以下之殤也者若大功正服則變三年之練此著練冠故知大功以下之殤殤若成人合服之大功其若長殤小功若成人小功親以其長殤則緦麻皆得著此三年練冠爲之祔祭故云大功親以下之殤言以下兼小功也已是祖之適孫若祔大功兄弟長殤得在祖廟若祔小功兄弟長殤則是祖之兄弟之後所以得祔者已是曾祖之適共小功兄弟同曾祖今小功兄弟當祔於從祖之廟其小功兄弟身及父是庶人不合立祖廟則曾祖適孫爲之立壇祔小功兄弟之長殤於從祖立神而

祭也皇氏云小功兄弟爲士從祖爲大夫士不可祔於大夫當祔於大功親以下從祖爲士故祔小功兄弟長殤於巳祖廟義亦得通云大功親以下之殤輕不易服者按服問大功殤長中變三年之葛得易首經要帶不得易服故此祔祭者練冠也此注諸本或誤云大功親之下殤故諸儒等難鄭云旣是下殤何得有弟冠范宣子庾蔚等云下殤者傳寫之誤非鄭繆也云冠而兄爲殤謂同年者也者此鄭自難云弟冠而兄得爲殤者謂弟與兄同年十九也云兄十九而死巳明年因喪而冠者此新死之兄旣是小功之服不合變三年之練而得有因喪冠者謂巳明年之初用父母喪之練節而加冠以後始祔兄弟也云陽童謂庶殤也宗子則曰陰童未成人之稱也者曾子問庶子之殤祭於室白故曰陽童宗子殤死祭於室奧則曰陰童云某甫且字也者檀弓云五十以伯仲是正字二十之時曰某甫是且字言且爲之立字云尊神不名爲之造字者以字者冠時所有此兄去年巳死未得有字雖云某甫是死後祔時爲之造字必造字者以神道事之可○謂名是也

○凡異居始聞兄弟之喪唯以哭對可也惻怛之痛不以辭言爲禮也○怛旦末反其始麻散帶經與居家同也凡喪小斂而麻○

散悉但反後散帶皆同

未服麻而奔喪及主人之未成絰也疏者與主人皆成之親者終其麻帶絰之日數疏者謂小功以下也親者大功以上也疏者及主人之節則用之其不及亦自用其日數

【疏】凡異至日數○正義曰此一節明異居聞兄弟喪哭及奔赴之禮凡異居者言凡非一之辭異居別所而始聞兄弟之喪○唯以哭對可也者初聞其喪惻怛情重不暇問其餘事唯哭對使者赴於禮可也○其始麻散帶絰者此謂大功以上兄弟其初聞喪始服麻之時散垂要之帶絰若小功以下服麻則糾垂不散也○未服麻而奔喪者謂聞喪未及服麻而即奔喪○及主人之未成絰也者謂道路既近聞喪即來至在主人小斂之前故云及主人未成絰也○疏者與主人皆成之者疏謂小功以下值主人成服之節則與主人皆成就之○親者終其麻帶絰之日數者親謂大功以上初來奔至雖值主人成服未即成之必終竟其麻帶絰滿依禮日數而後成服也○注與居至而麻○正義曰按士喪禮小斂襲絰于序東是凡士喪小斂而麻也又士喪禮三日絞垂此云始麻散帶絰是與居家同○注疏者至日數○正義曰知疏者謂小

功以下者喪服傳云大功以上同居爲同財故知疏者謂小功以下云其不及亦自用其日數者謂疏者若其及主人之節則與主人同成服若其不及主人之節亦自用其依禮之日數奔喪之後至三日而成服也此未奔喪而散帶絰按奔喪禮聞喪即襲絰絞帶不散者彼謂有事故未得即奔喪故不散帶此謂即欲奔喪故散麻也此經奔喪來至猶散麻按奔喪禮聞喪則襲絰至即絞帶不散麻者此經即來奔者故散麻以見尸柩故也彼謂奔喪來遲故注云不見尸柩不散帶也○**主妾之喪則自祔至於練祥皆使其子主之其殯祭不於正室**祔自爲之者以其祭於祖廟**君不撫僕妾**略於賤也【疏】主妾至僕妾正義曰妾既卑賤得主之者崔氏云謂女君死攝女君也○則自祔者以其祔祭於祖姑尊祖故自祔也以其祔廟也妾合祔於妾祖姑若無妾祖姑則祔於女君可也○其殯祭不於正室者雖攝女君猶下正適故殯之與祭不得在正室庾蔚云妾祖姑無廟爲壇祭之鄭云於廟者崔氏云於廟中爲壇祭之此謂攝女君若不攝女君之妾則不得爲主則別爲壇不在祖廟中而子自主之也○**女君死則妾爲女**

君之黨服攝女君則不爲先女君之黨服妻於女君之親若其親然○爲于僞反下注並同〔疏〕女君至黨服○正義曰女君死則妾爲女君之黨服者賀瑒云雖是徒從而抑妾故爲女君黨服防覬覦也攝女君則不爲先女君之黨服者以攝女君差尊故不爲先女君之黨服也

聞兄弟之喪大功以上見喪者之鄉而哭奔喪節也

適兄弟之送葬者弗及遇主人於道則遂之於墓言骨肉之親不待主人也凡主兄弟之喪雖疏亦虞之喪事虞祔乃畢〔疏〕聞兄至虞之○正義曰此一節明奔兄弟喪之法○見喪者之鄉而哭者謂此親兄弟同氣及同堂兄弟也奔喪禮云齊衰望鄉而哭大功望門而哭此云大功以上見喪者之鄉而哭者盧云謂降服大功者也鄭無別辭當同盧也若如此則兄弟之名通輕重也○適兄弟之送葬者此兄弟通緦小功也適往也謂往送五服之親葬而不及者謂往送不及喪柩在家○遇主人於道者主人是亡者之子謂孝子葬竟已還而此往送葬之人與孝子於路相

逢值也則遂之於墓者雖孝子已還而此送葬之人不及者不得隨孝子而歸仍自獨往於墓也○凡主兄弟之喪雖疏亦虞之者此疏謂小功緦麻喪事虞祔乃畢雖服緦小功之疏彼既無主故疏緦小功者亦爲之主虞祔之祭按小記云大功者主人之喪有三年者則必爲之再祭鄭注云小功緦麻爲之練祭可也與此不同者彼承大功有三年者此則緦小功有三年者故至小祥同於三年故主虞祔也今此言疏者亦虞但虞者謂無服者朋友相爲亦虞祔也故熊氏云主喪者於死者無服謂袒免以外之兄弟○注喪事虞祔乃畢○正義曰經云虞而注連言祔者以祔與虞相近故連言之

○凡喪服未畢有弔者則爲位而哭拜踊客始來主人不可以殺禮待之○殺色界反〔疏〕凡喪至拜踊○正義曰凡喪服未畢者是喪服將終但未畢了猶有餘日未滿其禮以殺若有人始來弔當爲位哭踊不以殺禮而待新弔之賓也言凡者五服悉然

大夫之哭大夫弁經大夫與殯亦弁經弁經者大夫錫衰相弔之服也如爵弁而素加環經曰弁經○與音預〔疏〕大夫至弁經○正義曰大夫之哭大夫弁經者此謂成服以後大夫往弔哭大

夫身著錫衰首加弁絰○大夫與殯亦弁絰者此謂未成服之前故與殯之時首亦加弁絰其餘則異身著當時所服之服故士喪禮注云主人成服之後往則錫衰主人未成服君亦不錫衰則著皮弁服也若此大夫主人未成服之前身亦皮弁服而弁絰也若主人未小斂之前則吉服而往不弁絰也○注弁絰至服也○正義曰按禮主人未成服之前小斂之後大夫著弁絰而衣皮弁服此云弁絰大夫錫衰相弔者如鄭此意則經云大夫之哭大夫弁絰經據主人成服之後故云大夫錫衰相弔之服但文在大夫與殯之上故南北諸儒皆以此大夫之哭大夫弁絰是二斂之間怪其鄭注云錫衰所以各爲異説今謂大夫之哭大夫廣解成服之後於義無妨但既成服之後又卻明與殯之前理亦既殯

大夫有私喪之葛則於其兄弟之輕喪則弁絰

私喪妻子之喪也輕喪緦麻也大夫降焉弔服而往不以私喪之末臨兄弟

〔疏〕正義曰私喪之葛者謂妻子之喪至卒哭以葛代麻之後是私喪之葛○則於其兄弟之輕喪則弁絰者於此之時遭兄弟之輕喪緦麻亦著弔服弁絰而往不以私喪之末臨兄弟也若成服之後則錫衰未成服之前身著素裳而首服弁絰也○注私喪至兄弟○正義曰

既言私喪故知謂妻子之喪也葛謂卒哭後也兄弟輕喪謂緦麻也大夫降一等雖不服以骨肉之親不可以妻子之末服而往哭之故服弁絰也〇爲長子杖則其子不以杖即位辟尊者〇〔疏〕爲長至即位〇正義曰父爲長子杖則其子不以杖即位者其子長子之子祖在不厭孫其孫得杖但與祖同處不得以杖即位辟尊者

爲妻父母在不杖不稽顙尊者在不敢盡禮於私喪也〇稽徐音啟顙桑黨反〔疏〕爲妻至稽顙〇正義曰此謂適子爲妻父母見存不敢爲妻杖又不可爲妻稽顙故云不杖不稽顙按喪服云大夫爲適婦爲喪主父爲已婦之主故父在不敢爲婦杖若父沒母在不爲適婦之主所以母在不杖者以父母尊同因父而連言母父沒母存爲妻雖得杖而不得稽顙以杖與稽顙文連不杖屬於父在不稽顙文屬母在故云父母在不杖不稽顙而禮論范宣子申云有二義一者生存爲在二者旁側爲在此云母在謂在母之側爲妻不杖故問喪云則父在不敢杖矣尊者在故也鄭云父在不杖謂爲母按爲母則削杖而云父在不杖謂爲母也是父在謂在側之在若論語云君在踧踖如也此范氏之釋其義可通但父母在之文相連爲一而父爲存在之在母爲在側之在

文小記云父在庶子爲妻以杖即位然庶子豈得父見在則庶子爲妻得以杖即位乎是范義未安也今見其載之

母在不稽顙稽顙者其贈也拜言獨母在於贈拜得稽顙則父在贈拜不得稽顙〈疏〉正義曰前明父母俱在故不杖不稽顙此明父没母在爲妻得有稽顙不稽顙二義母在不稽顙者謂母在爲妻子尋常拜賓之法也○稽顙者其贈也拜者但父没母在稍降殺於父故爲妻得有稽顙稽顙之時其稽顙者有他人以物來贈已其恩旣重其謝此贈之人時爲拜得稽顙故云其贈也拜於此拜時而得稽顙

違諸侯之大夫不反服違大夫之諸侯不反服其君尊卑異也違猶去也去諸侯仕諸侯去大夫仕大夫大夫乃得爲舊君服〈疏〉違諸至反服○正義曰違去也去諸侯謂不便其君及辟仇也之往也已若本是諸侯臣如去往仕大夫此是自尊適卑若舊君死則此臣不反服也言不反者謂今仕卑臣不可反服於前之尊君也○違大夫之諸侯不反服者此謂本是大夫臣今去仕諸侯此是自卑適尊若猶服卑君則爲新君之恥也故亦不反服舊君也○注其君至君服○正義曰鄭以經尊卑不敵不反服若所仕敵則反服舊君服齊衰三月

喪冠條屬以別吉凶三年之練冠亦條屬右縫別吉凶者吉冠不條屬也條屬者通屈一條繩若布爲武垂下爲纓屬之冠象大古喪事略也吉冠則纓武異材焉右縫者右辟而縫之○別徐彼列反注同縫音逢注同又扶用反大古音泰下大古同材才再反又如字辟必亦反下同小功以下左左辟象吉輕也緦冠繰纓繰當爲澡麻帶經之澡聲之誤也謂有事其布以爲纓○繰依注音縿所銜反

【疏】喪冠至繰纓○正義曰此一節明喪冠輕重之制各隨文解之此言吉冠則纓與武各別喪冠則纓與武共材也○條屬者屬猶著也謂取一條繩屈之爲武垂下爲纓以著冠故云條屬也吉凶既異故云別吉凶也○三年之練冠亦條屬右縫者三年練冠小祥之冠也雖微入吉亦猶條屬與凶冠不異也吉冠則襵上辟縫嚮左左爲陽陽吉也而凶冠縫嚮右右爲陰陰喪所尚也過小祥猶條屬故縫猶嚮右也○注別吉至縫之○正義曰云吉冠不條屬也條屬者通屈一條繩若布爲武垂下爲纓屬之冠象大古喪事略也者釋喪冠條屬之意云吉冠則纓武異材焉者玉藻云縞冠玄武之屬是異材也材謂材具○小功以下左小功以下輕故縫同吉嚮左

也○緦冠繰纓緦衰冠治縷不治布冠又用澡治緦布爲纓以輕故也○注繰當至爲纓○正義曰經之繰字絲旁爲之非澡治之義故讀從喪服小記下殤澡麻帶絰之澡云謂有事其布以爲纓者緦麻既有事其縷就上繰之是又治其布故云有事其布以爲纓謂縷布俱治**大功以上散帶**小功緦輕初而絞之〖疏〗大功以上散帶正義曰小斂之後主人拜賓襲經於序東小功以下皆絞之大功以上散此帶垂不忍即成之至成服乃絞**朝服十五升去其半而緦加灰錫也**緦精麤與朝服同去其半則六百縷而疏也又無事其布不灰焉○朝直遥反後朝服放此注同去起呂反注同〖疏〗朝服至錫也正義曰朝服精細全用十五升布爲之○去其半而緦者緦麻於朝服十五升布之内抽去其半以七升半用爲緦麻服之衰服也鄭注喪服云去其半而緦如絲是也○加灰錫也者取緦以爲布又加灰治之則曰錫言錫然滑易也○注又無事其布不灰焉○正義曰經云去其半而緦始云加灰錫明此緦衰不加灰不治布故也**諸侯相襚以後路與冕服先路與褒衣不以襚**不以已之正者施於人以彼不以爲

正也後路貳車貳車行在後也○襚音遂〔疏〕諸侯至以襚○正義曰諸侯相襚者襚謂以物送死用也○以後路與冕服者後路爲°上路之後次路也冕服謂上冕之後次冕也○先路與褒衣不以襚者是已之車服之上不可以施遺於人以彼不以爲正服所用也

遺車視牢具言車多少各如所包遺奠牲體之數也然則遺車載所包遺奠而藏之者與遺奠天子大牢包九个諸侯亦大牢包七个大夫亦大牢包五个士少牢包三个大夫以上乃有遺車〻遺弃戰反注同下遺車遺奠皆放此與音餘个古賀反下同〔疏〕遺車視牢具○正義曰遺車送葬載牲體之車也牢具遺奠所包牲牢之體貴賤各有數也一个爲一具取一車載之也故云視牢具○注言車至遺車○正義曰言車多少各如所包遺奠牲體之數也者以言視牢具故如其數云然則遺車載所包遺奠而藏之者與者以遺車所用無文因此視牢具故云載所包遺奠而藏之者與與疑辭也云天子大牢包九个以下者以既夕禮遺奠用少牢以上約之明大夫以上皆大牢包九个者以檀弓云國君七个遺車七乘則天子九个遺車九乘以下差降義已具於下檀弓疏云大夫以上乃有遺車者諸侯大夫位尊雖無三命則有車馬之賜及天子上士三命皆得有遺車諸侯士以下賤故無

遣車也疏布輤四面有章置於四隅輤其蓋也四面皆有章蔽以隱翳牢肉四隅椁中之四隅○章本或作鄣音同注亦同翳於計反〔疏〕疏布至四隅○正義曰此經明載牢肉之時因以物章蔽疏布輤者輤蓋也以麁布爲上蓋而四面有物章之入壙置於椁之四隅載粻有子曰非禮也粻米糧也○粻陟良反喪奠脯醢而已言死者不食糧也遣奠本無黍稷○醢音海〔疏〕載粻至而已○正義曰粻米糧也用遣車載粻遣亡人也而有子譏其爲失也然旣夕士禮有黍稷麥者但遣奠之饌無黍稷故遣車所載遣車之奠不合載粻旣夕士禮者謂遣奠之外別有黍稷麥喪奠脯醢而已者此亦有子之言也言死者不食糧故遣奠不用黍稷而牲體是脯醢之義也祭稱孝子孝孫喪稱哀子哀孫各以其義稱○義稱昌升反又尺證反〔疏〕祭稱至哀孫○正義曰祭吉祭也謂自卒哭以後之祭也吉則申孝子心故祝辭云孝也或子或孫隨其人也○喪稱哀子哀孫者凶祭謂自虞以前祭也喪則痛慕未申故稱哀也故士虞禮稱哀子而卒哭乃稱孝子也端衰喪車皆

無等喪車惡車也喪者衣衰及所乘之車貴賤同孝子於親一也衣衰言端者玄端吉時常服喪之衣衰當如之○衣衰上於既反下七雷反下同

疏 端衰至無等○正義曰端衰謂喪服上衣以其縗六寸之衰於心前故衣亦曰衰端正也吉時玄端服身與袂同以二尺二寸爲正而喪衣亦如之而今用縗綴心前故曰端衰也○喪車者孝子所乘惡車也惡車喪車也等等差也言喪之衣衰及惡車天子至士制度同無貴賤等差之別也以孝子於其親情如一也○注喪車至如之○正義曰言喪車惡車也者既夕禮云主人乘惡車鄭云王喪之木車也按鄭注巾車喪車凡五等巾車云木車蒲蔽注云木車不漆者以蒲爲蔽始遭喪所乘也素車棼蔽注云素車以白土堊車蘋麻以爲蔽卒哭所乘藻車藻蔽注云以蒼土堊車以蒼繒爲蔽也既練所乘駹車萑蔽注云駹車邊側有漆飾也以細葦席爲蔽大祥所乘漆車藩蔽注云漆車黑車漆席以爲蔽禫所乘○云衣衰言端者玄端吉時常服喪之衣衰當如之者按喪服記袂二尺二寸袪尺二寸其制正幅故云端此云端衰則與玄端同也

大白冠緇布之冠皆不蕤委武玄縞而后蕤不蕤質無飾也大白冠大古之布冠也春秋傳曰衛文公大布之衣

大白之冠委武冠卷也秦人曰委齊東曰武玄玄冠也縞縞冠也○縞古老反又古報反注同卷苦圓反〔疏〕大白至后蕤○正義曰大白者古之白布冠也緇布冠黑布冠也二冠無飾故皆不蕤此緇布冠謂大夫士之冠故不蕤其諸侯緇布冠則蕤故玉藻云緇布冠繢緌諸侯之冠是也○委武玄縞而后蕤者委武皆冠卷也秦人呼卷爲委齊人呼卷爲武也玄玄冠也縞縞冠也玄縞二冠既有先别卷後乃可蕤故云而后蕤也而大祥縞冠亦有蕤何以知之前既云練冠亦條屬右縫則知縞不條屬既别安卷灼然有蕤也○注不蕤至冠也○正義曰引春秋左傳曰衛文公大布之衣大白之冠者證大白冠是布也閔公二年冬狄入衛懿公爲狄人所滅僖二年齊桓公救而封之衛文公以國未道故不充其服自貶損所以大白冠大布衣也

大夫冕而祭於公弁而祭於己士弁而祭於公冠而祭於己弁爵弁也冠玄冠也祭於公助君祭也大夫爵弁而祭於己唯孤爾**士弁而親迎然則士弁而祭於己可也**緣類欲許之也親迎雖亦己之事攝盛服爾非常也○迎魚敬反注同〔疏〕大夫至可也○正義

曰此一節明大夫士公私祭服○大夫冕而祭於公者大夫謂孤也冕絺冕也祭於公謂助君祭也○弁而祭於己者弁爵弁也祭於己自祭廟也助祭爲尊故服絺冕自祭爲卑故服爵弁崔云孤不悉絺冕若王者之後及魯之孤則助祭用絺若方伯之孤助祭則玄冕以其君玄冕自祭不可踰之也○士弁而祭於公冠而祭於己者弁謂爵弁也士以爵弁爲上故用助祭也冠玄冠爲卑也自祭不敢同助君之服故用玄冠也士弁而親迎然則士弁而祭於己可也者作記之人雖云士冠而祭於己以己既爵弁親迎親迎輕於祭尚用爵弁則士亦當用爵弁自祭於己廟可也言於禮可用也爵弁是記者緣事類欲許之著爵弁○注弁爵至孤爾○正義曰知弁爵弁也者與士弁連文士弁祭於公爵弁故知大夫弁者亦爵弁也云大夫爵弁而祭於己唯孤爾者以儀禮少牢上大夫自祭用玄冠此亦云弁而祭於己者與少牢異故知是孤知非卿者以少牢禮有卿賓尸下大夫不賓尸明卿亦玄冠不爵弁○注緣類至常也○正義曰以祭親迎事類相似親迎既弁故自祭欲許其著弁其理不可故鄭云親迎雖亦已之事攝盛服爾非常著之服所以親迎攝盛服者以親迎配偶一時之極故許其攝盛服祭祀常所供養故須依其班序

暢臼以掬杵以梧所以

擣鬱也椈柏也○擣丁老反

枇以桑長三尺或曰五尺枇所以載牲體者此謂喪祭也吉祭枇用棘○枇音匕本亦作朼音同注同長直亮反下同

畢用桑長三尺刊其柄與末畢所以助主人載者刊猶削也○刊苦干反柄兵命反

〔疏〕暢臼至與末正義曰此一節明吉凶暢及枇畢之義各隨文解之暢謂鬱鬯也者○臼以椈杵以梧者謂擣鬯所用也椈柏也梧桐也謂以柏爲臼以桐爲杵擣鬱鬯用柏臼桐杵爲柏香桐絜白於神爲宜○臼注椈柏也○正義曰椈柏爾雅釋木文○枇以桑長三尺或曰五尺枇者所以載牲體從鑊以枇升入於鼎從鼎以枇載之於俎○注此謂至用棘○正義曰知謂喪祭也者以其用桑故知喪祭也云吉祭枇用棘者特牲記云枇用棘心是也○畢用桑長三尺刊其柄與末主人舉肉之時則以畢助主人舉肉用桑者亦喪祭故也刊其柄與末謂畢末頭亦刊削之畢既如此枇亦當然若吉時亦用棘

○率帶諸侯大夫皆五采士二采此謂襲尸之大帶率繂也繂之不加箴功大夫以上更飾以五采士以朱綠襲事成於帶變之所以異於生○率帶上音律下音帶本亦作帶繂音律箴之金反

〔疏〕

䘸帶至二采○正義曰此謂尸襲竟而著此帶也䘸謂爲帶
也但攝帛邊而熨殺之不加箴功異於生也以五采飾之亦
異於生也大夫與諸侯同而士二采並異於生而尊者可同
也然此士天子之士也諸侯之士則緇帶故士喪禮緇帶○
注此謂至於生○正義曰知襲尸之大帶者以吉時大帶唯
有朱緑玄華無五采此連上紕䌌用桑之下則知此亦喪之
大帶小斂大斂衣數既多有絞不可加帶故知襲尸之大帶
也以其稱䘸與大帶同故知是大帶也云襲事成於帶變之
所以異於生者鄭以襲衣與生同唯帶與生異凡襲事
著衣畢加帶乃成故云襲事成於帶變之異於生也
○醴者稻醴也甕甒筲衡實見間而后折入此謂葬時藏物
也衡當爲桁所以庪甕甒之屬聲之誤也實見間藏於見外
椁內也折承席也○甕於貢反盛醯醢之器甒音武瓦器筲
所交反竹器衡依注作桁戶剛反徐戶庚反庪也見音間廁
之間棺衣也注同間如字注同徐古莧反一解云鄭合見間
二字共爲䙺字音古辯反折之設反注同形如牀無
足也庪九委反又九僞反徐居綺反字亦作庋同
〔疏〕醴者至折入○正義曰此一經是送葬所藏之物○醴者稻醴也
者言此醴是稻米所爲○甕者盛醯醢○甒者盛醴酒○筲

者盛黍稷○衡者以大木爲桁置於地所以庪舉於甕甒之屬○實見間見謂棺外之飾言實此甕甒筲等於見外椁內二者之間故云實見間○而后折入者折謂椁上承席實物椁內既畢然後以此承席加於椁上○注此謂至席也○正義曰知葬時藏物也者言此甕甒筲衡等葬時所藏之物皇氏云甕甒筲明器也故實此醴與醯醢之屬云實見間藏於見外椁內也者按既夕禮乃窆藏器於旁加見注云器用器役器也見棺飾也先言藏器乃云加見者器在見內也既夕禮又云藏苞筲於旁注云於旁者在見外也不言甕甒餜相次可知知是藏於見外椁內者則見內是用器役器見外是明器也此是士禮略實明器耳大夫以上則兼有人器明器也人器實明器虛云斯承席也者按既夕禮注云折猶庪也方鑿連木爲之蓋如牀而縮者三橫者五無簀窆事畢加之壙上以承抗席是也

○重既虞而埋之

就所倚倚處埋之○重直龍反埋亡皆反倚於倚反處昌慮反

疏 重既虞而埋之 正義曰按既夕禮初喪朝禰廟重止于門外之西不入重不入者謂將嚮祖廟若過之然故不入明日自禰廟隨至祖廟庭厥明將出之時重出自道道左倚之鄭注云道左主人位此注就所倚之處埋之謂於祖廟門外之東也

○凡婦人

從其夫之爵位婦人無專制生禮死事以夫爲尊卑小斂大斂啓皆辯拜嫌當事來者終不拜故明之也此既事皆拜○辯音遍〔疏〕小斂至辯拜○正義曰禮凡當大斂小斂及啓攢之時唯有君來則止事而出拜之若他賓客至則不止事事竟乃即堂下之位悉徧拜故云皆辯拜也○注嫌當至皆拜○正義曰嫌當三事終竟不拜故明竟即拜也云此既事皆拜者皆拜即此云辯拜三事也然若士當事而大夫至則士亦爲大夫出也故雜記下云當袒大夫至雖當踊絕踊而拜之反改成踊乃襲是也○朝夕哭不帷緣孝子心欲見殯肂也既出則施其扆鬼神尚幽闇也○帷位悲反下同肂以二反埋棺之坎扆字林戸臘反閉也纂文云古闔字玉篇羌據公荅二反皆云閉也〔疏〕朝夕哭不帷○正義曰孝子心欲見殯故當朝夕進入廟門内哭位之時除去殯宮帷也哭竟則帷之○注既出則施其扆○正義曰按士喪禮君使人弔徹帷鄭云徹帷扆之事畢則下之鄭此注會儀禮注也則扆是褰舉之名初哭則褰舉事畢則施下之無柩者不帷謂既葬也棺柩已去鬼神在室堂無事焉遂去帷○去起呂反〔疏〕無柩者不帷○正義曰無柩謂葬後

也神主祔廟還在室則在堂無事故不復用帷也○君若載而后弔之則主人東面而拜門右北面而踊出待反而后奠主人拜踊於賔位不敢迫君也君即位車東出待不必君留也君反之使奠〔疏〕君若至后奠○正義曰謂君來弔臣之葬臣喪朝廟柩已下堂載在柩車而君弔之故云君若載而后弔之○則主人東面而拜者君既弔位於車東故主人在車西東面而拜○門右北面而踊者門謂祖廟門也右西邊也若門外來則右在東若門內出右在西此據車出家故右在西孝子拜君竟從位立近門內西邊北面而哭踊爲禮也○出待者孝子哭踊畢而先出門待君者君來則出門拜迎君去則出門拜送也今君入臨弔事竟便應去不敢必君之久留故孝子先出待君出反而后奠者反謂君來未去使人命孝子反還喪所也而后奠者凡君來必設奠告柩知之也或云此謂在廟載柩車時也奠謂反設祖奠也○子羔之襲也繭衣裳與稅衣纁衻爲一素端一皮弁一爵弁一玄冕一曾子曰不襲婦服

繭衣裳者若今大斶也纊爲繭組爲袍表之以稅衣乃爲一
稱爾稅衣若玄端而連衣裳者也大夫而以纁爲之緣非也
唯婦人纁衻禮以冠名服此襲其服非襲其冠曾子譏襲婦
服而已玄冕又大夫服未聞子羔曷爲襲之玄冕或爲爲玄
冠或爲玄端○繭古典反稅他喚反注同纁許云反衻字又
作袡而占反裳下襈也王肅云婦人蔽膝也襹音燭統字又
作纊音曠組于粉反袍薄勞反〔疏〕子羔至婦服○正義曰
稱尺證反下放此緣悅絹反　此明大夫死者襲衣稱
數也○繭衣裳者纊爲繭謂衣裳相連而綿纊著之也○與
稅衣者稅謂黑衣也若玄端而連衣裳也玄端多種今衣裳
連是玄端玄端玄裳也○纁衻爲一者纁絳也衻裳下緣襈
也以絳爲緣故云稅衣纁衻也繭衣既褻故用稅衣表之合
爲一稱故云繭衣裳與稅衣纁衻爲一也○素端一者此第
二稱也以服既不褻並無復別衣表之也盧云布上素下皮
弁服賀瑒云以素爲衣裳也○皮弁一者第三稱也十五升
白布爲衣積素爲裳也○爵弁一者第四稱也玄衣纁裳也
○玄冕一者第五稱也大夫之上服也○曾子曰不襲婦服
者曾子非之纁衻是婦人之服而子羔襲用之故曾子譏之
依禮不合襲婦人之服○注繭衣至襲之○正義曰禮以冠
名服此襲其服非襲其冠者鄭恐經云皮弁爵弁但云冠不

云服恐襲其冠不襲其服故云以冠名服此襲其服非襲其
冠云曾子譏襲婦服而已者鄭意以曾子但譏婦服而已不
譏其著玄冕之服是子羔合著玄冕子羔
爲大夫無文故注云未聞子羔曷爲襲之○爲君使而
死公館復私館不復公館者公宮與公所爲
也私館者自卿大夫以下之家也公所爲君所作
離宮別館也○
爲于僞反又如字使色吏反
復音伏館本亦作觀音同○公七踊大夫五踊婦
人居間士三踊婦人皆居間公君也始死及小斂大
斂而踊君大夫士一也
則皆三踊矣君五日而殯大夫三日而殯士二日而殯士小
斂之朝不踊君大夫大斂之朝乃不踊婦人居間者踊必拾
主人踊婦人踊賓乃踊○拾其刼反下同〔疏〕公七至居間○正義曰此一經明
貴賤踊數也公諸侯去死日五月而殯則合死日六日也○
七踊者始死一踊明日襲之時又一踊襲明日朝又明日小
斂朝一踊爲四也其日晚小斂時又一踊是小斂日再踊就
於前三日爲五也小斂明日朝又踊爲六也至明日大斂之

朝不踊當大斂時乃踊凡爲七踊也○大夫五者大夫三日
殯合死日爲四日始死一明日襲朝一又明日小斂日再小
斂明日大斂凡五也○士三者士三日殯合死日數也始死
一小斂朝不踊至小斂時一又明日大斂一是凡三也○婦
人皆居間者謂婦人與丈夫更踊也男子先踊踊畢而婦人
踊踊畢賓乃踊婦人居賓主之中間也又云皆居間者言皆
於貴賤婦人悉居賓主間也然親始死及動尸舉柩哭踊無
數今云七五三者謂爲禮有節之踊每踊輙三者三爲九而
謂爲一也

公襲卷衣一玄端一朝服一素積一纁裳一爵弁二玄冕一褒衣一朱綠帶申加大帶於上

朱綠帶者襲衣之帶飾之雜以朱綠異於生也此
帶亦以素爲之申重也重於革帶也革帶以佩韍
必言重加大帶者明雖有變必備此二帶也士襲三稱子羔
襲五稱今公襲九稱則尊卑襲數不同矣諸侯七稱天子十
二稱與○卷音衮重直龍反
又直用反韍音弗稱尺證反

〔疏〕公襲至於上○正義曰此
一經明襲用衣稱卷冕之
制公襲以上服最在內者公身貴故以上服親身欲尊顯加
賜故褒衣最外而細服居中也子羔賤故卑服親身也○玄

端一者賀云燕居之服玄端朱裳也○朝服一者緇衣素裳
公日視朝之服也○素積一者皮弁之服公視朔之服也○
纁裳一者賀云冕服之裳也亦可驚毳任取中間一服也○
爵弁二者玄衣纁裳二通也此是始命之服示之重本故二
通也招魂君亦用爵弁服也玄冕之下又取一也○褒衣一
者所加賜之衣最上華君賜也自卷衣至此合爵弁二通合
九稱朱綠帶者諸侯襲尸除五采之大帶外又別有此帶以
素爲之而朱綠飾之亦異於生時也○申加大帶於上者申
重也謂已用此朱綠小帶結束之今重加大帶於革帶之上
者象生時大帶也用素爲之士則二采大夫諸侯皆五采飾
之故前云率帶諸侯大夫皆五采士二采鄭云此謂襲尸之
大帶也鄭既謂前爲襲尸之大帶此重言加大帶是用襲尸
如一故知前所言即此大帶也○注朱綠至稱與○正義曰
云朱綠帶者襲衣之帶飾之雜以朱綠異於生也者此帶既
非革帶又非大帶秖是衣之小帶衣之小帶用素故云亦以
素爲之云申重也者釋詁文云重於革帶也者謂於革帶之
上重加此大帶知非對小朱綠帶爲重者以朱綠小帶散在
於衣非是揔束其身若揔束其身唯有革帶大帶故知對革
帶爲重者云必言重加大帶者明雖有變必備此二帶也者
解經文申加之字既無革帶又加大帶云申者何以革帶

必見韠帶與大帶者明雖有變必備此二帶云士襲三稱以下者鄭欲歷明天子諸侯以下襲之數士喪禮襲三稱前文子羔襲五稱此文公襲九稱是尊卑襲數不同唯天子諸侯無文故約之云諸侯七稱天子十二稱與與與者疑辭也

小斂環絰公大夫士一也環絰者一股所謂纏絰也士素委貌大夫以上素爵弁而加此絰焉散帶○纏直連反【疏】小斂至一也○正義曰環絰一股而纏也親始死孝子去冠至小斂不可無飾士素委貌大夫以上素弁而貴賤悉得加於環絰故云公大夫士一也○注環絰至散帶○正義曰知以一股所謂纏絰者若是兩股相交則謂之絞今云環絰是周遍纏繞之名故知是一股纏絰也又鄭注弁師云環絰者大如緦之麻絰纏而不糾今此所謂彼經注也知士素委貌者武叔投冠括髮諸侯之大夫當天子之士也云大夫以上素爵弁者雜記云大夫與殯亦弁絰以大夫與他殯尚弁絰與他殯尚弁絰則天子弁絰明矣諸侯以上尊固宜弁絰

公視大斂公升商祝鋪席乃斂喪大記曰大夫之喪將大斂既鋪絞紟衾乃鋪席則君至爲之改始新之也○鋪普吳反一音升胡反又音敷紟其鴆反絞戶交反爲于僞反【疏】公視至乃斂○正義曰公君也明君臨臣喪大斂禮

也公升商祝鋪席乃斂者公升謂君來升堂時商祝主斂事
者也此臣喪大斂君來。至之前主人雖巳鋪席布絞紟衾聞
君將來至則主人散。徹去之比君至升堂而商祝更鋪席待
君至乃斂也所以然者重榮君來爲新之也亦示若事由君
也**魯人之贈也三玄二纁廣尺長終幅**言失之也士喪禮下
篇曰贈用制幣玄纁束帛。○廣【疏】魯人至終幅○正義曰
古曠反長直亮反幅方服反記魯失也贈謂以物送
亡人於槨中也贈別用玄纁束帛三玄二纁故旣夕禮曰贈
用制幣玄纁束今魯人雖三玄二纁而用廣尺長幅。不復丈
八尺則失禮也**弔者卽位于門西東面其介在其東南**
北面西上西於門賓立門外不當門。○介音界後皆同**主孤西面**立於阼階
下**相者受命曰孤某使某請事客曰寡君使**
某如何不淑受命受主人命以出也不言擯者喪無接賓也淑善也如何不善言君痛之甚使某
弔○相悉亮反下皆同**相者入告出曰孤某須矣**稱其君名者君薨稱子某

使人知適嗣也須矣不出迎也○適丁歷反弔者入主人升堂西面弔者升自西階東面致命曰寡君聞君之喪寡君使某如何不淑子拜稽顙弔者降反位子孤子也降反位者出反門[疏]弔者至反位○正義曰自此以下終外位無出字脫於篇末明諸侯相弔含贈賵之禮今各隨文解之從此至反位明弔禮○弔者即位於門西者謂主國大門之西○其介在其東南北面西上者以其凶事異於吉故介在東南北面西上以使在門西故也○相者受命者相者相主人傳命者也不稱擯而言相者鄭云喪無接賓故不言擯此對例耳若通而言之吉事亦云相故司儀云每門止一相又大宗伯云朝覲會同則爲上相凶事亦稱擯故喪大記云君弔擯者進又按士喪禮賓有襚擯者出請入告是也○出曰孤某須矣者孤謂嗣子也某爲嗣子之名必稱嗣子名者欲使使者知適嗣之名故鄭引公羊傳云君薨稱子某但公羊對殯之辭稱子某此對賓之辭故稱孤某云須矣者異於吉禮不出迎故云須矣○主人升堂西面者謂從阼階升也知者以弔者升由西階故也又下文孤降自阼階

拜之明升亦阼階也曲禮云升降不由阼階者或大夫士也或平常無賓時也○子拜稽顙者不云孤某而稱子者客既有事於殯故稱子以對殯之辭也○以下皆然若對賓之辭則稱孤某也

含者執璧將命曰寡君使某含相者入告出曰孤某須矣

含玉爲璧制其分寸大小未聞○含本又作哈說文作琀胡闇反下同

含者入升堂致命再拜稽顙含者坐委于殯東南有葦席既葬蒲席降出反位

言降出反位則是介也春秋有既葬歸含賵襚無譏焉皆受之於殯宮○襚音遂○

宰夫朝服即喪屨升自西階西面坐取璧降自西階以東

朝服告鄰國之禮也即就也以東藏於内也

〔疏〕含者至以東○正義曰此一經明含禮○執璧者含玉爲璧制鄭云分寸大小未聞含之所用已具檀弓疏○含者坐委於殯東南有葦席既葬蒲席者謂含者坐委所含之璧於殯之東南席上未葬之前有葦席承之既葬以後則以蒲席承之○注言降至殯宮○正義

曰言降出反位則是介也者以此經自云降出反位不知何人反位前文云弔者降反位則此謂含者降反位即弔者既爲上賓故下文云上客臨注云上客弔者既爲上客明含者是介也云春秋有旣葬歸含賵襚無譏焉皆受之於殯宮者按左傳隱元年天王使宰咺來歸惠公仲子之賵歸惠公賵緩也公羊亦云其言來何不及事也是左氏公羊皆譏其緩云無譏者取穀梁之義故文五年穀梁云王使榮叔歸含且賵不言來不周事之用也明宰咺言來得周事也是宰咺歸賵穀梁不譏是旣葬歸含且賵無譏也穀梁所以不譏宰咺者釋廢疾云平王新有幽王之亂遷于成周欲崇禮於諸侯原情免之若無事而晚者去來以譏之榮叔是也文九年秦人來歸僖公成風之襚最晚不譏者釋廢疾云以其殺敗兵無休時君子原情不責晚也○宰夫朝服即喪屨者宰謂上卿也言夫衍字朝服者吉服也必用吉服者以鄰國執玉而來執玉不麻故著朝服以仍在喪不可純吉故即喪屨也此遭喪已久故嗣子親受禮宰著朝服若新始遭喪則主人不親受使大夫受於殯宮故聘禮云聘遭喪入竟則遂也鄭云遭喪主國君薨也聘禮又云不筵几鄭云致命不於廟就尸柩於殯宮聘禮又云遭喪將命于大夫主人長衣練冠以受○注朝服告鄰國之禮○正義曰鄰國來弔不敢純凶待之

而著朝服是以吉待鄰國之禮所以必用吉服以待鄰國者以己國遭喪他國是吉不可以喪禮待於他國故以吉禮待之此弔者既爲上客又賵者是上介則此含者襚者當是副介末介但含襚於死者爲切故在先陳之

襚者曰寡君使某襚相者入告出曰孤某須矣襚者執冕服左執領右執要入升堂致命曰寡君使某襚子拜稽顙委衣于殯東亦於席上所委璧之北順其上下○要一遥反襚者降受爵弁服而門内霤將命子拜稽顙如初受皮弁服於中庭自西階受朝服自堂受玄端將命子拜稽顙皆如初襚者降出反位授襚者以服者賈人○霤力救反賈音嫁宰夫五人舉以東降自西階其舉亦西面亦西面者亦襚者委衣時〔疏〕襚者至西

面○正義曰此一節明襚禮按上文含者稱執璧下文賵者
稱執圭則此襚者當稱執衣不云者文不備也以下文云襚
者執冕服故於此略之○注亦於至上下○正義曰以璧委
於席上今衣而委於席北故云亦於席上所委璧之北以經
文先含而後襚則含重而襚輕所委殯東西面南頭爲上故
云順其上下謂上者在前下者在後○注授襚者以服者賈
人○正義曰按聘禮有賈人故知授襚者之服是賈人也○
注亦西至衣時○正義曰上云委衣於殯東又云受爵弁受
皮弁玄端皆云如初是皆在殯東西面而鄉殯今云舉者亦
西面是亦如襚者西面也其服重者使執而入爵弁受於內
爵皮弁受於中庭朝服受於西階玄端受於堂既受處不同
則陳於璧北亦重者在南凡諸侯相襚衣數無文據此其服
有五又先路褒衣
不以襚以外無文
上介賵執圭將命曰寡君使某
賵相者入告反命曰孤某須矣陳乘黃大路
於中庭北輈執圭將命客使自下由路西子
拜稽顙坐委於殯東南隅宰舉以東 輈轅也自 宰也下謂

馬也馬在路之下覲禮曰路下四亞之客給使者入設乘黃
於大路之西客入則致命矣使或爲史○賵方鳳反孤須矣
從此盡篇末皆無某字有者非乘【疏】上介至以東○正義
繩證反注同輤竹由反車輤也曰此一節明賵禮○
陳乘黃大路於中庭北輤者乘黃謂馬也大路謂車也陳四
黃之馬於大路之西於殯宫中庭北輤者謂大路輤輤北嚮
也○客使自下由路西者客使謂使客之從者也爲客所使
故曰客使也自率也下猶馬也由在也路即大路也陳路北
輤既竟賵客執圭升堂致命而客之從者率馬設在車之西
也馬云客使設之則大路亦使設之也○注輤輤至命矣○
正義曰自率也者按爾雅釋詁文率自也展轉相訓是自得
爲率云下謂馬也者凡陳車馬馬在車下故云下謂馬也引
覲禮曰路下四亞之者證馬爲下也四亞之謂馬四疋亞次
路車也云客給使者入設乘黃於大路之西者解經中客使
自下由路西也但喪禮車馬以屬主人故路在東統於主人
也若尋常吉禮車馬爲賓而設則路在馬西故覲禮路下四
亞之注云亞之次車而東是車在西統於賓也按既夕禮車
以西爲上者彼謂死人而設於鬼神之位凡賵隱元年公羊
傳云賵者蓋以馬以乘馬束帛車馬曰賵貨財曰賻衣被曰
襚穀梁云乘馬曰賵衣衾曰襚貝玉曰含錢財曰賻按既夕

禮云賵馬兩無車者士卑不合有車何休云周制謂士無車非也此禮記陳乘黃大路則周制有車轂梁直云乘馬曰賵無車者文不備也散而言之車馬亦曰禭故前文云諸侯相禭以後路是也此無賻賻是加厚非常故也故宰夫注云其間加恩厚則有賻焉雖有貨亦有馬故少儀云賻馬不入廟門是也既夕有贈者贈施於死必及葬節此未必一當葬時賵既夕有奠此無奠者以奠主於親者故既夕禮云兄弟賵奠所知則賵而不奠此諸侯相於既疏故無奠按釋廢疾云天子於諸侯含之賵之諸侯於鄉大夫如天子於諸侯諸侯於士如天子於諸侯臣禭之賵之天子於二王之後含爲先禭則次之賵爲後諸侯相於如天子於二王後鄭知天子於二王後含禭賵者爲約此雜記兩諸侯相敵明天子於二王後亦相敵也知諸侯亦然者約雜記文鄭知天子於諸侯含賵者約文五年榮叔歸含且賵三傳但譏兼禮不譏其數是也鄭知天子於諸侯臣禭之賵之者約士喪禮諸侯於士有禭有賵明天子於諸侯臣亦然鄭知諸侯於鄉大夫如天子於諸侯者更無所尊明尊此鄉大夫含之賵之也凡此於其妻亦如其夫知者約宰咺來歸惠公仲子之賵又約魯夫人成風之喪王使榮叔歸含且賵以外推此可知

凡將命鄉殯將命子拜稽

顙西面而坐委之宰舉璧與圭宰夫舉襚升自西階西面坐取之降自西階凡者說不見者也鄉殯將命則將命時立於殯之西南宰夫宰之佐也此言宰舉璧與圭則上宰夫朝服衍夫字○鄉許亮反注同見賢遍反〔疏〕凡將至西階○正義曰此一經廣明從上以來弔含襚及賵文不見者於此揔明之○凡將命鄉殯者在殯之西南東北面鄉殯○西面而坐委之者謂將命既畢子拜稽顙之後將命者來就殯東西面而坐委之○宰舉璧與圭者主人上卿坐舉含者之璧與賵者之圭○宰夫舉襚者謂宰之屬官舉此襚者之衣○升自西階西面坐取之者謂宰與宰夫欲舉時升自西階不敢當主孤之位來鄉殯東席之東西鄉坐取之降自西階也○注凡者至夫字○正義曰此一經將命言凡是揔說上文前文所不見者則上宰夫朝服衍夫字者以此經既云宰舉璧與圭宰夫舉襚按上宰夫朝服取璧既云取璧明是宰也非宰夫故知夫為衍字

賵者出反位于門外乃著言門外明禮畢將更有事

上客臨曰寡君有宗廟之事不得承事使一

介老某相執綍（上客弔者也臨視也言欲入視喪所不足而給助之謙也其實爲哭耳○臨如字徐力鴆反注及下同介音界舊古賀反相息亮反綍音弗爲于僞反）相者反命曰孤某須矣臨者入門右介者皆從之立于其左東上（入門右不自同於賓客）宗人納賓升受命于君降曰孤敢辭吾子之辱請吾子之復位客對曰寡君命某毋敢視賓客敢辭宗人反命曰孤敢固辭吾子之辱請吾子之復位客對曰寡君命某毋敢視賓客敢固辭宗人反命曰孤敢固辭吾子之辱請吾子之復位客對曰寡君命使臣某毋敢視賓客是以敢固辭固辭不

獲命敢不敬從賓三辭而稱使臣爲恭也爲恭者將從其命○寡君命絶句下放此毋音無下同使色吏反注同爲如字舊于僞反下同客立于門西介立于其左東上孤降自阼階拜之升哭與客拾踊三拜客謝其厚意○拾其劫反客出送于門外拜稽顙不迎而送喪無接賓之禮【疏】上客至稽顙○正義曰此一節明弔含襚賵既畢上客行臨哭之禮○使一介老某相執綍者某者上客名也相助也謙言使一介老臣某助主人執其葬綍其實爲哭而來謙言助執綍耳一介者言己使來唯有一人爲介謙辭耳其實介數各下其君二等○臨者入門右介者皆從之立于其左東上者不敢自同賓故入門右從臣位○宗人納賓升受命于君者謂主國宗人掌禮欲納此弔賓先受納賓之命於主國嗣君○降曰孤敢辭吾子之辱請吾子之復位者此宗人受嗣君之命後下階請客之辭也復位者欲介在門西客位也○宗人反命者謂反此客之辭命於嗣君○曰孤敢固辭者是宗人受嗣君之命以告客云孤敢固辭前文云孤某須矣此直云孤不云某者以親對客辭客是使臣故不復稱名也按左傳

昭三十年云君之喪士弔大夫會葬文襄之霸君喪大夫弔卿會葬此上客者若於古禮士也若於文襄則大夫也云一介老某者則若曲禮云七十使於四方稱老夫之類前四禮客皆在門西此臨在門東者前者四禮皆是奉君命而行如聘禮聘之與享也此臨是私禮若聘禮私覿故在門東○注不迎至之禮○正義曰上云孤某須矣是不出迎所以不迎者以主人在喪身既悲慼無暇接賓之禮主拜送者謝其勞辱來也○其國有君喪不敢受弔辟其痛傷己之親如君○辟音避下辟之同【疏】其國至受弔○正義曰此謂國有君喪而臣又有親喪則不敢受他國賓來弔也以義斷恩哀痛主於君不私於親也○外宗房中南面小臣鋪席商祝鋪絞紟衾士盥于盤北舉遷尸于斂上卒斂宰告子馮之踊夫人東面坐馮之興踊此喪大記脫字重著於是○盥音管斂力劍反下同馮皮冰反本或作憑下同脫音奪重直用反士喪有與天子同者三其終夜燎及乘人專

道而行乘人謂使人執引也專道人辟之○燎力召反又力弔反乘繩證反注同引以刃反一音餘刃反○

疏外宗至與踊○正義曰此一經是喪大記君喪之節於此重記之但大記云夫人東面亦如之此云夫人東面坐馮與踊惟此此四字別義皆同也○士喪至而行○正義曰言士喪與天子三事同也其終夜燎一也及乘人二也專道而行三也終夜燎謂柩遷之夜須光明故竟夜燎也乘人謂人引車不用馬也既夕禮云屬引鄭引古者人引柩專道行謂喪在路不辟人也三事爲重故云與天子同也

附釋音禮記注疏卷第四十一

武甯盧氏宣旬校定

清嘉慶二十年江西重栞
宋本十三經注疏附校勘記

江西南昌府學栞

禮記注疏卷四十一挍勘記　阮元撰盧宣旬摘錄

雜記上

有三年之練冠節

有三至不易　惠棟挍宋本無此五字

按聖證論云范宣子之意　閩監毛本同齊召南云聖證論是魏時王肅所作以難鄭學者范宣子卽東晉范宣在肅之後肅何緣得引之後文爲妻父母在不杖不稽顙疏引禮論范宣子申云可知此文聖證論三字係禮論二字之訛也孫志祖云按聖證論云下當有脫文

云練除首絰者間傳文　閩本同惠棟挍宋本同監毛本間誤因

有父母之喪節

有父至神也　惠棟挍宋本無此五字

得祔兄弟小功之殤閩本同衞氏集說同監毛本祔作附浦鏜按云當作祔後並同

可謂名是也惠棟按宋本作不可觸名故也續通解同此本誤閩監毛本作尊其名是也亦誤

凡異居節

其始麻散帶絰各本同石經同毛本散作㪔後同

凡異至日數惠棟按宋本無此五字

唯哭對使者赴於禮可也惠棟按宋本作赴衞氏集說同此本赴字闕閩監毛本赴作則

不見尸柩不散帶也閩監毛本同惠棟按宋本無也字

主妾之喪節

則自祔至於練祥閩監毛本同嘉靖本同石經祔作附宋監本岳本衞氏集說同石經考文提要云宋

大字本亦作附

女君死節

女君至黨服 惠棟挍宋本無此五字

雖是徒從而抑妾故爲女君黨服 閩監毛本如此衞氏集說同此本抑誤服故字闕

先女君之黨服也 惠棟挍宋本此下標禮記正義卷第五十終記云凡二十五頁

聞兄弟之喪節 惠棟挍宋本自此節起至子游曰既祥節止爲第五十一卷卷首題禮記正義卷第五十一

聞兄至虞之 惠棟挍宋本無此五字

謂此親兄弟同氣及同堂兄弟也 閩監毛本同衞氏集說謂此作此謂

凡喪服未畢節

凡喪至拜踊 惠棟按宋本無此五字

其禮以殺 閩監毛本同惠棟按宋本以作已

大夫之哭大夫節

大夫至弁絰 惠棟按宋本無此五字

理亦旣殯 按亦字下當脫兼字

爲妻節

爲妻至稽顙 惠棟按宋本無此五字

則庶子爲妻得以杖卽位乎 閩監毛本同浦鏜按云則當側字誤

喪冠條屬節

左辟象吉輕也 惠棟按宋本作左宋監本岳本嘉靖本衛氏集說同考文引古本足利本同此本左誤右閩監毛本同

緦冠繰纓 各本同石經同釋文繰作繅注同

喪冠至繰纓 惠棟按宋本無此五字

其緌就上繰之 惠棟按宋本作緌衛氏集說同此本緌誤繰閩監毛本同今正

諸侯相襚節

諸侯至以襚 惠棟按宋本無此五字

後路爲上路之後次路也 閩監毛本同衛氏集說爲作謂惠棟按宋本同

不可以施遺於人 閩監毛本同惠棟按宋本遺作遺

疏布輤節

四面有章 各本同石經同釋文出有章云本或作鄣考文云古本章作障

疏布至四隅 惠棟按宋本無此五字

端衰喪車節

端衰至無等 惠棟按宋本無此五字

而今用縗綴心前 閩監毛本同惠棟按宋本縗作衰○按縗正字衰假借字

駹車藋蔽 惠棟按宋本同閩監毛本藋作萑○按作藋與初刻唐石經周禮合依說文當作萑从艸萑聲

大白冠節

齊東曰武 惠棟按宋本岳本嘉靖本衛氏集說並同閩監毛本東誤人

大白至后緌 惠棟按宋本無此五字

旣先有別卷 惠棟按宋本作先有衛氏集說同此本先有二字誤倒閩監毛本同

大夫冕而祭於公節

弁而祭於己 惠棟按宋本作己宋監本石經岳本衛氏集說同此本己誤已閩監毛本同嘉靖本同下祭於己及注並同

士弁而親迎 各本同石經同釋文出而迎無親字

大夫至可也 惠棟按宋本無此五字

暢臼以椈節

暢 各本同石經同釋文出鬯云本亦作暢按鬯暢古通用爾雅注引此文正作鬯

臼以椈 監毛本同石經同釋文同岳本同閩本臼誤臼嘉靖本椈誤掬衛氏集說同注疏放此

所以擣鬱也 各本同釋文出以搗云本亦作擣○按說文云搗手椎也从手𠷎聲

暢臼至與末　惠棟按宋本無此五字

以枇升入於鼎　惠棟按宋本及閩毛本同監本鼎誤知

率帶節

率帶　閩監毛本同石經同岳本帶作帶嘉靖本同衞氏集說同考文引古本足利本同釋文出率帶云本亦作帶

率帶至二采　惠棟按宋本無此五字

醴者稻醴也節

實見間　各本同毛本間誤問

所以庪甕甒之屬　閩監毛本同岳本庪誤庋釋文同衞氏集說同嘉靖本作庋惠棟按宋本同考文引古本足利本同

醴者至折入　惠棟按宋本無此五字

以承抗席是也　閩監本同衛氏集說亦作抗毛本抗誤坑

重既虞而埋之節　惠棟校云重既虞節凡婦人節宋本合爲一節

重既虞而埋之　惠棟校宋本無此六字

重出自道道左倚之　閩監毛本同衛氏集說道字不重

小斂大斂節

小斂至辯拜　惠棟校宋本無此五字

及啟攢之時　閩監毛本同衛氏集說同考文云宋板攢作櫕

故明竟卽拜也　惠棟校宋本竟上有事字此本事字脫閩監毛本同

卽此云辯拜三事也　閩本同惠棟校宋本同監毛本三誤二

君若載而后弔之節

君若至后奠 惠棟按宋本無此五字

出待者孝子哭踊畢 惠棟按宋本同衛氏集說同閩監毛本哭誤卒

子羔之襲也節 惠棟按云子羔節爲君使節宋本合爲一節

纊爲繭 各本同釋文出絖云字又作纊

或爲爲元冠 惠棟按宋本不重爲字岳本同嘉靖本同衛氏集說同考文引古本足利本同此本誤重閩監毛本作或謂爲元冠亦誤

子羔至婦服 惠棟按宋本無此五字

爲君使節

公所爲君所作離宮別館也 惠棟按宋本宋監本無別字

公襲卷衣一節

申加大帶於上閩監毛本同石經同岳本同嘉靖本同衞氏集說同坊本於誤之石經考文提要云宋大字本宋本九經南宋巾箱本余仁仲本劉叔剛本並作於上

公襲至於上惠棟挍宋本無此五字

唯天子諸七稱天子十二稱與與者疑辭也侯無文故約之云諸侯閩監毛本同惠棟挍宋本作唯天子諸侯無文故約之云諸侯七稱天子十二稱與與者疑辭也無也下侯字續通解同

小斂環經節

小斂至一也惠棟挍宋本無此五字

而貴賤悉得加於環經閩監毛本同衞氏集說同續通解於作此

以大夫與他殯尚弁經此本夫下與上六字闕閩監毛本同盧文弨云空處宋本作與

他殯尙弁經六字與下複刪去是也

公視大斂節

既鋪絞紟衾乃鋪席惠棟挍宋本紟衾下有君至此君升五字岳本宋監本嘉靖本衞氏集說同考文引古本足利本同此本五字脫閩監毛本同

公視至乃斂惠棟挍宋本無此五字

君來至之前嚴杰云來當作未

則主人散徹去之惠棟挍宋本無散字衞氏集說同此本誤衍閩監毛本同

魯人之贈也節

贈用制幣元纁束帛閩監毛本同岳本同嘉靖本同衞氏集說同惠棟挍宋本無帛字按無帛字與儀禮士喪禮合

魯人至終幅　惠棟按宋本無此五字

而用廣尺長幅　惠棟按宋本長下有終字衞氏集說同此本終字脫閩監毛本同

弔者即位于門西節

弔者至反位　惠棟按宋本無此五字

若對賓之辭則稱孤某也　閩監毛本同惠棟按宋本無也字衞氏集說同

含者執璧節

皆受之於殯宮　閩本同岳本同嘉靖本同衞氏集說同監毛本殯誤賓

含者至以東　惠棟按宋本無此五字

襚者曰節

而委於席北　閩監本席作璧毛本北誤此

上介睊節　盧文弨云宋本合下二節爲一節

孤某須矣　閩監毛本同石經同岳本同嘉靖本同衞氏集說同坊本無某字釋文出孤須矣云從此盡篇末皆無某字有者非石經考文提要云宋大字本宋本九經南宋巾箱本余仁仲本劉叔剛本並有某字下上客臨節同

上介至以東　惠棟挍宋本無此五字

下猶馬也由在也　閩監毛本同浦鏜挍猶疑謂在作左按衞氏集說亦作由左也

則大路亦使設之也　閩監毛本同盧文弨云亦下當有客字

此諸侯相於既疏　閩本同惠棟挍宋本同監毛本於誤與

明尊此卿大夫含之睊之也　閩監本同毛本含誤舍下節疏弔含同

上客臨節

介立于其左　惠棟挍宋本石經岳本嘉靖本宋監本衞氏集說並同閩監毛本其誤門石經考文提要云宋

大字本宋本九經南宋巾箱本余仁仲本劉叔剛本並作其左

上客至稽顙惠棟挍宋本無此五字

若於古禮士也惠棟挍宋本同閩監毛本古誤吉

主拜送者謝其勞辱來也閩監毛本同考文引宋板主作去

士喪有與天子同者節

鄭引古者閩監毛本同浦鏜挍引改注

禮記注疏卷四十一挍勘記

傳古樓景印